看取りの人生

後藤新平の「自治三訣」を生きて

内山章子

藤原書店

はじめに

このお話をいただいたとき、私は果たしてまとめることができるだろうかと、まず思った。私が生まれたとき、父、鶴見祐輔はちょうど衆議院議員に初当選した年で、私は激動の時代の政治家の家に生まれた。母、愛子は後藤新平の長女で、私の幼いときに過ごした家も後藤邸の敷地のなかにあったが、後藤新平は私が一歳足らずのときに亡くなっているので、記憶には無い。

姉の和子は十歳違い、兄の俊輔も六歳違いと歳が離れていて、特に姉とはいっしょに遊ぶことは無かった。私が十歳を過ぎるころには、姉も兄もアメリカに留学していて、それはこの時代には珍しいことだった。

その家で次女として育った私は、家族なのに、どこか「違う人たち」と暮らしているようだった。

父母は明治生まれ、姉と兄は大正生まれ、とそれぞれ日本近代化に特長のある時代を背景に、一人一人ひたぶるに自らの求めるものに従って生きた。

私と弟は昭和生まれで、大正デモクラシーの時代とは全く異なる時代背景のもと、戦争が始まり、その中で教育を受けた。特に弟は、父母のもとを離れ、学童疎開を経験している。価値観の全く異なるアメリカで教育を受けて帰国した兄が、物事をまだきちんと把握して判断できない年頃の妹・弟と一つ屋根のもとに暮らしたことで、どんなに居心地の悪い思いをしたか。そして、父がそれをどんなに気遣ったかを知ったのは、兄の死後である。戦争というものが、家族をひきさくという事実をつきつけられて、筆の全く進まない日があった。さらに父の公職追放をどう書くかは、今まで書いたことのない私にとって、とても難しい問題であった。

悩んでいた時、ふと開いた姉の著書『女書生』（はる書房）に、父への思いが書かれ、父が公職追放になった事実についても、社会学の立場からさらりと記されていた。

それに対して、男として父との葛藤の中にあった兄は、哲学というか、生き方を徹底してつきつめてゆく姿勢を貫く立場から、父の転向を原点としながらも、社会的に思想の問題として捉え、グループを作って戦争中の転向を徹底的に追究した。平凡社から大部の三冊の書物として出版した。父の転向それ自身は、父の固有名では記載せず、名前だけを転向者として載せてあるだけであった。

兄と父の葛藤は、父が脳梗塞で倒れ、言語を失い、体も不自由になってからも続いた。父は、医師の指示に従い、看護して下さる方々や日常の生活を支えて下さる方々との、父特有の知恵とユーモアによるコミュニケーションを巧みに保った。十四年半もの長い療養生活を父が明るく過ごした見事さに、兄は「父とのケンカは俺の負けだ」と言った。私も父を看取ることで多くを学んだ。人として最高の姿を子供たちに残した父であった。

その後、姉が七十七歳で脳出血による左半身麻痺になり、それから十年半の療養生活を送らねばならなくなった時、兄と私は、姉を支えることになる。学問一筋にひたぶるに生きた姉は、自分の家庭をもたなかったので、兄夫婦が懸命に姉の療養生活を支えた。発病後二年で、入居先の「ゆうゆうの里」の生活にも慣れ、また仕事をする日が戻って来てからは、姉は、死ぬその日まで自分でその記録をつけ続けられると信じていた。それが死の一月半前、背骨の骨折のため自分の手で記録することができなくなった。心ならずもその仕事は私の手に渡さざるを得なくなり、私は姉の指示に従って記録した。

今考えると、「看取り」を書き記すことは、リベラルな家の「黒子」として育った自分の、導かれた運命だったのではないかと思う。

兄は、読んだ本をすべて覚えていて、体験も細かく記憶していたので、さまざまなことを書き残しているが、この本は、家族一人一人についての、私の記憶を頼りに記した回想録である。書くことを仕事としていた他の家族とは異なり、多くの方々の御助言、お手助けをいただき、お励ましを受けながら、苦しみながらなんとかまとめた記録である。

私家版以外の仕事をしたことのない者が記した行き届かない記録として、お読みいただければ幸いに存じます。

看取りの人生——目次

看取りの人生

後藤新平の「自治三訣《じちさんけつ》」を生きて

I

昭和の子——私の戦争体験

ツリガネニンジン
軽井沢で好きだった野草

もの心づいた頃

もの心づいた頃、私は麻布の後藤新平邸の片隅の南荘《なんそう》の広い台所から四、五段上がった四畳ほどの縁のない畳の敷かれた部屋で、お手伝いさんの宮川ハナさんと暮らしていた。私に必要な物はすべて整っていた。ハナさんの、

こゝはお国を何百里
離れて遠き満州の
赤い夕日に照らされて
友は野末の石の下……
……
時計ばかりがコチコチと……

という歌を毎晩子守歌にして寝かされていた。朝はハナさんが台所で姉と兄のお弁当を作る音で目を覚まし、そのお弁当の残りを、丸い小さな卓袱台で一人で食べるのが朝食で、昼と夜はハナさんと、姉の担当のすいさん、兄担当のみつさんと広い台所で食べるのだった。台所の隣りから広がる「奥」へは行ってはいけないことになっていた。奥に父母姉兄が暮らしているらしいが、そこには出入り禁止であった。奥の畳は縁のあるものだったのを覚えている。

時々母が台所に来る。今考えると私の健康状態をたしかめに来るらしかった。納豆をごはんにまぜて納豆ごはんを作り、よくまぜてからすべて納豆を取りのぞいて私に食べさせるように言いつけて、さっと奥に消える。私は早く大きくなって、納豆の入ったままの納豆ごはんを食べたいものだと思ったのを覚えている。

台所の出入口から出ると、外に井戸があり、ハナさんはそこで洗濯した。その盥《たらい》の水が残っていると、空の色が映り、そこに落ちた青桐の実が舟のように浮んでみえるのを私は楽しみにして見ていたものだ。

父はその頃よく海外に出掛けて行った。その父を想って、

海は広いな　大きいな

月が昇るし　日が沈む
海にお舟を　浮ばして
行ってみたいな　よその国

と口ずさんだ。

還暦を過ぎてから、家の近くの道の端に落ちていた青桐の実を見つけ、幼い日を思い出して懐しく、絵に描いてみたりした。

昭和四（一九二九）年四月十三日、祖父後藤新平が亡くなり、その頃南荘から麻布笄町《こうがいちょう》の家に引越した。そして私は三歳になると、青山南町幼稚園に通うようになる。ハナさんは結婚のため越後に帰り、私はやっと家族の仲間入りをした。親しい友達もできて、そのお宅に遊びに行き、夕方まで過ごし、お手伝いさんが迎えに来たものだった。その友人のお父様は医師で、後に友人は耳鼻科の医師になり、まだつきあいは続いている。

青桐の実

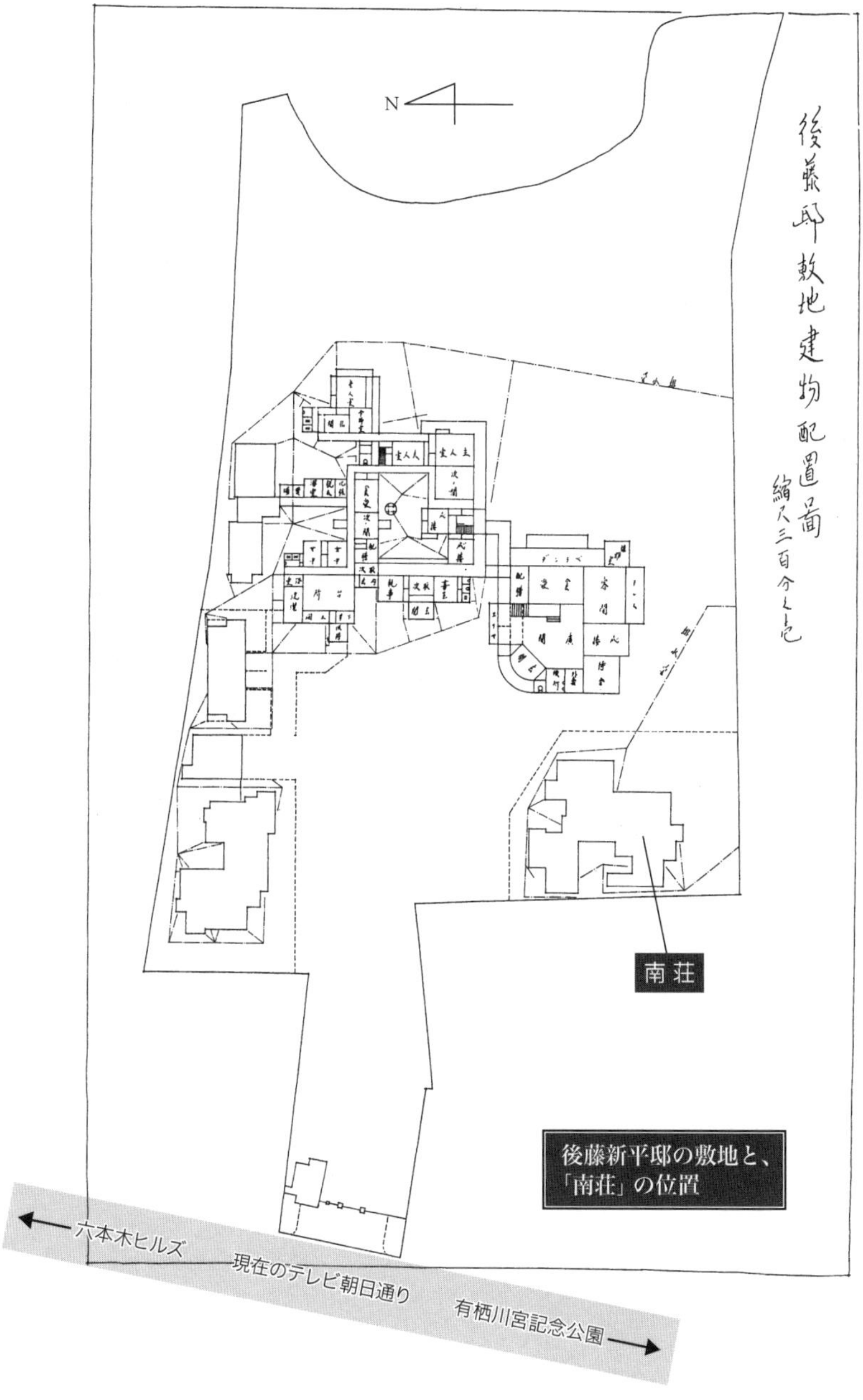

後藤新平邸の敷地と、
「南荘」の位置

「あなたはほかの子と違うの」

永年生きてきて、ここで静かに自分の人生を振り返ってみると、それは母の言葉に導かれての一筋の道であったと思う。

昭和八（一九三三）年、母は母子ともに助からないかもしれない、と医師に言われながら、十一月出産予定の弟を九月二十日に出産した。弟は低体重であったが、母子ともに助かった。父は出産三日後にアメリカから帰国した。

ある日、私は産室に呼ばれた。当時私は五歳であった。

「あのね、和子、俊輔、直輔はみな産婆さんのお世話でこの世の中に生まれたの。だけどあなたは違うの」と手を振って、「私のお腹からあなたの力だけで、この難しい世の中に生まれて来たのよ。だから一人で生きて、一人で死んでゆきなさい」。「生き方はね。人のお世話にならぬよう、人のお世話をするよう、そしてむくいを求めぬように生きていきなさい」という。

母は母子ともに危ないと言われ、私を自分の手で育てることはできないとでも思って、あのようなことを幼い私に言ったのだろうか。

当時五歳でしかなかった私は、生きること、死ぬことなどよくわかってはいなかった。それ以来私は、死ぬことを恐れる子として育っていった。

さらにまた、お産の手伝いにいつも来て下さる母の姉、佐野の静子伯母に、産室の隣の洋間で、「あやちゃんね、あなたがお母さまのお腹にいた時、あなたのお母さまは、四人姉弟の中で一番よく働いたのよ。だからあなたもきっと働き者になるわ」と言われたのを、今もはっきり憶えている。

人のお世話にならないように、人のお世話をして、働き者にならなければいけないのか。そして人にお世話にならないで、一人でひっそり死んでゆきなさい、他の子供たちとあなたは違うのだから、と言われる。私は確かに父の一番忙しい時、初めての選挙の時に、母のお腹にいたのだった。生まれてからも人出入りの多い家で育った。父の主宰する「火曜会」のある日には一高の後輩たちが六十人から百人も集まり、夕食ももらえず、大きな台所で待ち切れずバタンと倒れて寝てしまう始末だった。南荘という建物はまことに大きな建物であったと後になって兄から聞いたが、私は「奥」に行くことは許されていなかったから、台所と自分のいる部屋しか知らなかった。

ハナさんが結婚する頃、家も後藤家の南荘から麻布笄町の一軒家に転居し、私も三歳となり、近くの幼稚園に入ることとなった。そしてその頃には家族の中で暮らせるようになっていた。

母は男の子を東京高等師範（筑波大学の前身）の附属小学校に、女の子は女子学習院に、と考えていた。それで私は、小学校への入学試験の準備は何もされないまま受験をした。そのとき、

「お父様のお仕事は何ですか」

と口頭試問で聞かれて、答えられなかった。私は文筆業とか政治家などと教えられておらず、父の仕事は何か全くわからなかった。それで、考えに考えて、

「本が沢山あるので、本屋だと思います」

と答えて落第してしまった。母や姉と同じ小学校である女子学習院に入学できなかった。文

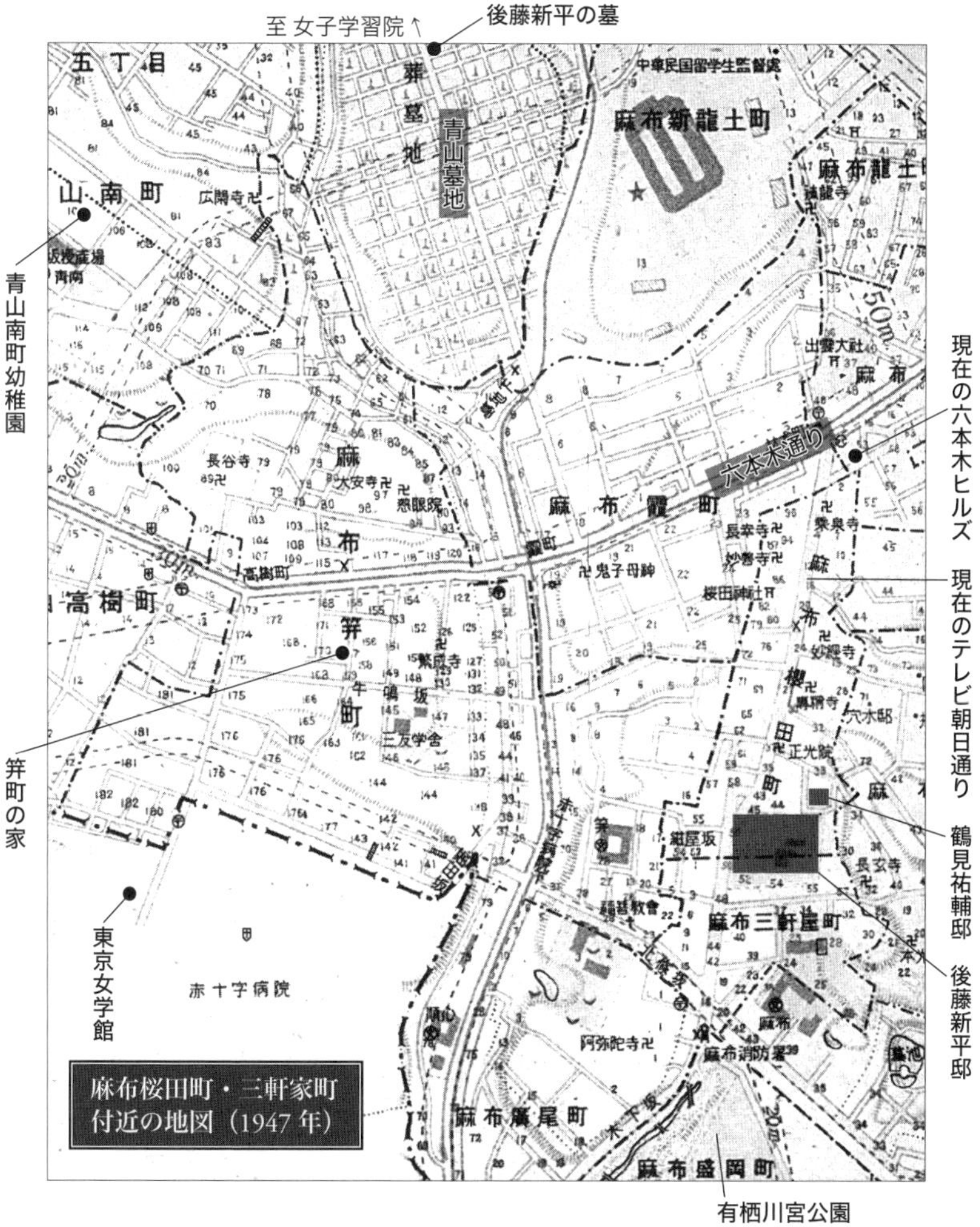

麻布桜田町・三軒家町付近の地図（1947年）

筆業とか政治家という職業は子供にはわからないのも無理もない話だったが、当時、姉は通っていたし、母自身が卒業したので、入学できるものとばかり母は考えていた節がある。

私が小学校四年生（一九三八年、昭和十三年）の六月、父は国民使節として母と姉と兄を連れて訪米した。私と弟は夏休みを、父の弟の定雄叔父夫妻に預けられて軽井沢の別荘で過ごした。

父母姉は秋に帰って来た。母は帰国すると、今度は早速私に家庭教師をつけて、女子学習院の中期一年（現在の小学五年生）に入学させようと受験勉強を始めさせた。さらに国語は姉にもみてもらうこととした。

その当時、新しい単語が国語の教科書に出てくる度に、それを使って短文をつくるのだった。その時、「おちおち」という新単語が出たので、「死ぬことを考えると、私は夜もおちおち眠れません」という短文を作ったところ、「あなたバカね。人間てみんな死ぬのよ」と姉に言われた。私は姉と自分の人生観の違いを初めて経験し、これからはこういうことは兄に訊くことにしようと思ったのを覚えている。

しかし、このことがあったから、姉は病いにたおれてからその死まで、その瞬間までを、あのように丁寧にそのまま語り示してくれたのではないだろうかと今にして思う。姉は背骨を圧迫骨折して起き上がれなくなり、筆を持つことが不可能になった時、「死の瞬間まで看取り、その詳細を客観的に記録してほしい」と私に頼んだ。それが私家版の本『鶴見和子 病床日誌』になったのは兄の命令であったが。

母の、父の、そして姉のそれぞれの終りを看取らせてもらえたことは、まことに恵まれていたと思う。戦時中に成長期を迎え、病気勝ちの母の看病をしなければならず、小学校高学年の時、母から学校に行かないで家に居てほしいと言われれば、私は素直にそれに従った。当時、義務教育は小学校までだったので、高等女学校は規定以上休むと現級に止められてしまうのだった。学校から「これ以上休むと現級に止めます」という手紙がくると学校に出してくれた。

東京女子大（当時、旧制女子専門学校）に行っても、私はよく学校を休んだ。いくら高等学校教師の資格試験に合格しても、教師として充分な勉強をしていない自分のことは私自身よくわかっていた。自分の専門を持つための学問も修業もすることは許されず、その先の進学も父に反対され、内緒で就職したら、その就職先に行って断られてしまう始末だった。社会に出て働くことは許されなかった。そのために、母の看病も、姉の死の看取りもすることはできた。家族のそれぞれが仕事のためにそこにいられなかった父の最期も、私は一人、看取ることが許されたのだった。これが母が私の五歳の時に言った「ほかの子と違う」私の使命であったのかもしれない。さらに今、一人ぼっちになって、私の見た鶴見家の人々の記録を残す運命に導かれて来たのだろうか。これを「三ツ子の魂百まで」というのかもしれないと八十路最後の年の暮れに思う。

優しい父、一途な母

「りんりんりんごの木の下に」

父はまことに優しい人であった。どのようなことがあっても、子供を叱りつけることは一切しなかった。父の父、祖父も父を叱らなかったと『成城だより』（全八巻、一九四八―五〇年）に書いている。若い時に父母を失い苦労したせいもあり、家族を大切に考えて、子供一人一人の教育にはことさら心を砕いた父であった。

私の幼かった頃、外国に行く機会の多かった父は、旅先からそれぞれの子供に、まだ字の読めないうちから絵はがきをくれた。

「アヤコチャン、マイニチドンナオイタヲシテイマスカ。」とか
「アヤコ、オカアサマノイウコトヲキイテイマスカ。」とか
「オトウサマハ、イマパリニイマス。アヤコモオオキクナッタラ、パリニイラッシャイ。」

と素敵な絵はがきが送られてくるのだった。

少し大きくなると「お話」をしてくれたものだった。

朝五時半というと、私はパッと目を覚まして父母の寝室に行き、父の布団にもぐり込む。

そして父の作ってくれたお話をきく。

「トン、トン、トン。こちらは章子さまのお宅でいらっしゃいますか。私はシンデレラと申します」

童話の主人公が次々に私の家に来るのだった。種がつきると北原白秋の詩を父独特の節をつけて読んでくれる。

♪りんりんりんごの木の下に
小さなおうちをたてましょか
そしたらちいさな窓あけて

父がいつも読んでくれた『祭の笛』

窓から青空みてましょか

『祭の笛』というその詩集の表紙は古ぼけてボロボロになっていた。

お話をきかせてくれたり、童話を読んでくれた父との交流は、私たちきょうだいの胸に温かいものをはぐくんだのだった。

もう一つ、幼い時の楽しい思い出に、外国からのお土産がある。

私が一歳か二歳の頃、白熊の赤ちゃんが木の檻に入れられて軽井沢の別荘の私宛に送られて来た。父の年譜で調べても、どこの国からか今はわからない。すぐに大きくなって、ある日、四本の脚を檻から出して、檻ごと歩き出す始末となり、我々の手に負えず、小諸の動物園に引き取ってもらったが、戦時中に餌が足りなくなり、殺されてしまったと聞いた。

もう一つは、オーストラリアからのお土産の二羽のエミューで、これは大変大きな鳥で、すぐ上野動物園に寄贈した。

手許に今も残っているのは、中国に行った時のお土産で、蔣介石の家の割れた瓦が落ちていたのを拾って持ち帰ってきてくれたもので、まだ三片ほど残っている。


父の話でもう一つ思い出すのは剣道自慢である。

「なにしろお父さまは……」と剣道の話が始まり、我々とは体の鍛え方が違うというのだ。ある日のこと、父は足を踏みはずして、駅のホームから落ちてしまった。その時電車が入って来た。駅の人々は、父が轢かれてしまったのではないかと心配していたそうだ。電車が出て行くと、父はおもむろにホームにはい上がって来たというのである。落ちた時、剣道で鍛えた反射神経で、とっさに電車をよけ、ホームにピッタリ張りついて電車をやり過ごしたという父の自慢話の一つである。

そしてさらにもう一つ、剣道のかまえで思い出す話に、父は蠅取り名人であったことだ。夏はいつも蠅たたきを持ち歩き、家中の蠅をたたいて廻った。今と違って戦前の夏は全く蠅が多く、それに悩まされたものだ。殊に食事の前ともなると、必ず蠅をたたき、一匹もいないようにしないと気がすまないのだった。それが剣道の構えで打つのだから、蠅もたまったものではない。一発必中、必ずたたき落とした。几帳面で優しい父の一面である。

一途な母のもとの兄と私

「貴女が我慢すれば、鶴見家は上手く行きます」

母の話は父とは全く違った。いわゆるお伽噺は母から聞いたことはなかった。父がどんなに苦労をして今の生活を築いてきたのか、という話に始まり、人として間違ったことをしてはなりません、とことこん聞かされたものだった。そしてさらに、「和子は私が叱ると、『お母さまはそうおっしゃいますが、私はこう思います』と口答えするから叱りにくい」という。当時、兄は母の手におえない息子であった。「そこへゆくと、あなたはとても叱り易い」という。それで「あなたが我慢すれば鶴見家は上手く行きます」ということになる。私が育つ頃、母は病気勝ちで、父が家にいる時は起きているが、父が出掛けると食堂の脇のベッドで寝ていることが多く、私が学校から帰るとほとんどベッドにいた。そういう環境に育った私は、姉や兄に反抗される母が可哀そうに思えて、何を要求されても、叱られても、母のいうことがたとえ理不尽に思えても、一切口答えをしないことにした。

そういうことが習慣になってしまっていたので、昭和二十（一九四五）年二月、弟と軽井沢に疎開していた母が脳出血で倒れて、父から、

「章子、もうすぐ女学校の卒業式なのに出席できずに可哀そうだけれども、学校を止めてお母さんの看病に軽井沢に行ってほしい」

と言われると、私は翌日すぐ軽井沢に行ったのだった。私が行かなかったら母は死んでしまうとしか考えられず、学校を止めろと言われてそれがどんなことなのか考えるだけの余裕もない戦争中のことであった。

当時は今と違って家族制度がきちんと保たれていた時代で、学齢近くなると親戚づきあいをするようになる。従姉妹たちと夢中で遊ぶのは兄弟とはまた違って楽しいし、お泊りもした。伯父、伯母との交流も、外遊の多い父母とは違って、楽しみなものがあった。

後藤の伯父の後藤一蔵は、長男なので先祖供養の務めがあった。僧侶のお経を正座して聞けるようになると、親戚づきあいに参加できるようになり、お経の後は晩翠軒や南甫園での

食事会に参加できるようになった。広い親戚づきあいを覚えてゆき、日頃お目にかからない高齢の方々にもお会いしたり、お話を伺ったりすることができるようになる。麻布宮村町に住んでいた彦七大叔父（後藤新平の弟）に会ったこともかすかに憶えている。安場・平野など父母のいとこたちともお会いした。

その頃になると、父が外国に出かけて家が留守の折の外国人との夜のパーティには、着物をきちんと着せられ、英語の挨拶を教え込まれて、母の供をした。洋食の食べ方を躾けられ、大きな夜のパーティに出席しても物おじしないように躾けられたのだったかどうか。少しずつ社会に出る訓練をされたのかとも思う。

父の所属するＰＧＡという作家・ジャーナリストのゴルフ仲間の鈴木文史朗、伊藤正徳、邦枝完二といった友人たちが軽井沢の別荘に宿泊される時は、鶴見の別荘だけでなく後藤、佐野の別荘も使った。食事のお給仕をしたり、雨の日には皆様のゴルフ靴に丸めた新聞紙を詰めて乾かしたりする手伝いをしたりするようになってゆく。父母やお手伝いさんたちとは別に、五歳年下の弟を一人で軽井沢の家まで汽車に乗せて連れて行かなければならない。

先ほど書いたように、兄は当時、母の手に負えないいたずら坊主であった。

母が「女の子は大きな口を開けて、白い歯をみせて笑うものではありません」と私を叱るのを兄は見ていて、後藤家の従姉妹を集めて、父の羽織を借りて自作の「競《けい》キリン」という落語を上演する。「尻尾ピンと立ててパカパカと」と、みんなを笑わせて兄は大喜びするが、笑ったといって叱られるのは私だった。

食事時にテーブルの下で足が触ったとか触っていないとか騒いで叱られるのは、いつも妹の私、弟と喧嘩すれば姉のくせにと叱られたものだ。

五月の鯉のぼりの丸太が組まれると、兄は丸太に上がり、それをこすりながら忍術の呪文をとなえると、台所の台の引き出しにバナナや佐久間ドロップが出たりするのだ。ところがそれを取りに行くのは私だから大変。引き出しから取り出すところを見つかったら、母に叱られてしまう。

ところがその母が叱らない不思議なことが二つあった。

私が四つか五つの時、兄はお相撲に夢中だった。贔屓の武蔵山という力士がいて、ラジオをつけてその取り組みの時は大騒ぎする。座布団を頭にかぶって騒ぐ。そして、私を摑まえて、

「これが上手投げ、これが下手投げ、これが背負い投げ、これは首投げ、これが鯖折り」

とか言って畳の上にバンバン投げ飛ばす。何しろ六歳も年上の男の子に投げられるのだから、私がどうあがいても投げられてしまう。母はそれを見ていても、「止めなさい」とは決して言わなかった。なぜかは今もって理解できない。あるいは父が相撲好きだったからかもしれない。

兄が亡くなった時、私はそれを思い出して、

あの手この手　兄の自慢の角力の手

上手投げされ　鯖折りにされ

と詠んだ。

私はそのために「受身」ができていたのか、八十五歳の時に自動車にはねられて道路に投げ飛ばされて動くことが全くできなくなっても、なぜか頭を打たなかった。骨盤を五カ所骨折はしたが、死ななかった。調べに来た警官に「なぜ頭を打たなかったのかね。八十五歳以上で、自動車にはねられて道路に飛ばされて死ななかった人はいないよ」と言われた。兄に投げ飛ばされて、上手に頭を守る習慣ができていたのかもしれない、と力士の相撲の稽古のテレビをみていて思った。母が止めなかったというか、叱って止めさせなかったおかげで、私は九死に一生を得たのだった。

もう一つ叱らなかった不思議は、五歳の頃、私は毎朝五時半というとパッと目を覚まして飛び起きて父母の寝室に行き、父の布団にもぐり込んでお話をきくのだった。父も母もどんなに眠かったろうか。子供を叱ってばかりいた母が不思議や不思議、これだけは叱らなかった。娘にとって父ははじめて出会う男性である。その父があたたかい布団の中でお話をしてくれる。話がつきると北原白秋の詩を節をつけて読んでくれる。至福のひとときであった。母がなぜ叱らなかったのかわからずじまいのままである。

家の中で、我慢しなさい、我がままを言うな、と躾けられているうちに戦争の時代を迎えた。昭和十三（一九三八）年五月、国家総動員法が施行となり、食料品、衣料品の配給の時代が来て、さらに、大政翼賛会体制となり、大日本婦人会の襷をかけた婦人たちが、「贅沢は敵だ」「欲しがりません勝つまでは」と町で叫ぶ時代が来る。私は我慢強いかもしれないが、心の豊かさ、自由な発想を持てぬままに成長期を迎える。

我慢を強いられ、大口を開けて笑ってはいけないと言われた私には、今考えると素敵な避けどころがあった。それは幼稚園であり、学校であった。家ではおかしくても笑うことを許されないが、学校ではいろいろ面白いことをしては友人たちとゲラゲラ笑って、家へ帰ったら大人しく「いい子」にしている法を覚えた。友人は私を、なんて面白い人なのだろうと長い間思っていた、とこの頃になって話してくれた。どうしてほんの些細なことであんなに笑うのかしらと思っていたという。

学校とともに私にとって心置きなく笑えるのは、学校のそばに住んでいた父の姉、矢崎の千代子伯母の家であった。父は十人兄弟姉妹で、長女は廣田敏子伯母、矢崎の伯母は次女として、早く亡くなった祖母に代わってその大家族の面倒をみた苦労人で、優しい磊落な人であった。幼い私が女中部屋で育てられている生活も知り、後藤新平の孫としてチヤホヤされている姉や兄のことも見ていた。自分と同じ次女である私が、将来働き手として鶴見の家族の世話をみるようになるであろう、と見ぬいていたのかどうかはわからないが、次女同士としてとても優しく私に接してくれた。いつ行っても歓迎してくれ、下にもおかないように大切に迎えてくれたのだった。いつも笑顔で待っていてくれた。学校の話をきいて、絵日記をほめてくれて、お八つを準備してくれていた。どんなに大きな口をあけて声を立てて笑っても、一緒に笑ってくれるのだった。「我慢しなさい」とは言わない、私にとっての唯一のシェルターだった。父母きょうだいに相手にされなくても、誰か心から愛してくれる人が居れば、子供は安心して育ってゆけるものだと思う。温かみのある笑顔でいつも接してくれた矢崎の伯母には、私はどれだけ感謝してもし切れないと思う。

歩けないうちはハナさんにおんぶされて、歩けるようになってからは、ほとんど毎日のように伯母の家に行ったのだった。七十を過ぎてから矢崎の従兄弟から、

「うちの母さんは、章ちゃんが来ないと夜も日もあけなかったんだよ」

と聞いた。

女子学習院中期二年（現在の小学校六年生）の時伯母は亡くなった。そこまで育てば、あとは一人で考えて育ってゆける。本当に心から優しく接してくれた伯母のいたことで、生真面目で厳しさ一筋の母の躾に、私は耐えて生きて来られたのだと今にして思う。

父に言わせると、十七歳で父のもとに嫁に来た母は、家事も全くできない娘だったという。掃除もうまくできず、料理もまるで駄目だったという。

料理は後藤の家の台所で、後藤一蔵伯父の所の春子伯母と二人で、料亭の料理長に教わったと母から聞いた。外国に行くと英語やフランス語の料理の本で西洋料理を覚えたという。私の育つ頃には、ローストビーフ、ローストチキン、各種サラダや野菜の料理、パーティ用のカナッペ、コンソメやポタージュ、また鶏や山鳥、雉など十二月になると台所の天井から下がっているのを、羽をむしり捌く方法を教えてくれた。魚もさばける。ただ、牛肉のすき

軽井沢の別荘のあずまやの前にて。父母、姉兄と

やきだけは、準備だけをして、父がつくるのだった。ケーキ、プリン等も作り、アイスクリームもアイスクリームメーカーで作ってくれた。カスタードソースをつくり、アイスクリームメーカーに入れ、まわりに氷と塩を入れて、取っ手をくるくる廻すのは子供たちの仕事だった。軽井沢の別荘のあずまやで、夏休みのお八つとして、従姉妹たちと楽しく食べたのも、今から思うとまことに楽しい懐かしい思い出となった。

お正月は、暮れに弟に羽織袴の正装をさせて鏡餅を飾る。床の間の軸は達磨大師のものとする。花は木《ぼく》を使って水盤に活けるのだが、思うままに活けるのには長い時間がかかり、時には除夜の鐘がなってしまうこともあった。

あの頃は、お正月の元旦は学校で式があった。朝食はそれぞれの時間に合わせてパン食を食べて学校に出掛ける。女子学習院は、紫地の無地の紋付にえび茶の袴をはき、黒い靴下に黒の革の短靴をはいて登校する。学校から式のお菓子をいただいて帰ってくると仏壇に供える。青山の善光寺にある鶴見家の墓地に家族揃ってお参りをして帰ってから、おせちとお雑煮を祝うのであった。鶴見の家の祖母は末子の憲叔父が五歳の時に亡くなったので、岡山県高梁《たかはし》の鶴見家のお雑煮は継承されず、岩手県水沢（今は奥州市）の後藤家のお雑煮が継承されている。

従兄弟が遊びにくると、父は様々の馬を人数分描いて、手づくりの長い列を白い紙で作り、賽子をころがしてその数だけ進み、早く目的地に着いた子が勝つという、手作りのゲームを楽しむ。お年玉の習慣はなかった。

クリスマスイヴには、それぞれの子供のベッドに靴下を下げて寝る。いい子であれば思い通りのプレゼントをサンタクロースが持って来てくれることになっていて、イヴは早くベッドに入った。私は小学校六年生までサンタクロースを信じている始末だった。

「サイタ　サイタ　サクラ　ガ　サイタ」の時代

今考えてみると、昭和という時代の前期二十年は敗戦まで戦争であった。まさにその時代に私と弟は生まれ育ったわけである。

そして、私が小学校に入学した昭和十（一九三五）年四月、小学校一年生の国語の教科書が「ハナ　ハト　マメ」から「サイタ　サイタ　サクラ　ガ　サイタ　ススメ　ススメ　ヘイタイ　ススメ」と改定された。二年生になるとそれぞれが当時戦地で戦っている兵隊さんへの慰問袋を作って学校に提出することが義務づけられた。また手紙を送ることも小学生の仕事だった。兵隊さんからの軍事郵便がくると返事を書いていた。さらに、私の通っていた東京女学館は、日本赤十字病院の前にあったので、病院内の陸軍病院に入院している傷病兵の所にお見舞に行くように学校から言われ、ひと月に一度は友人と二人で学校の休日にお見舞に出かけていったものだ。常に教育現場では、兵隊さんが日本のために戦ってみんなを守って下さっていると語られ、贅沢をせず、我慢強くあるようにと訓《さと》され、家庭でも我慢を強いられていたのだった。

歴史年表をみると、昭和十三（一九三八）年四月一日、国家総動員法公布。十四年、ノモンハン事件起こる。五月十二日、第二次世界大戦が始まる。十五年九月、日独伊三国同盟、十月十二日、大政翼賛会発足。さらに十六年十二月八日、ハワイ真珠湾攻撃、大東亜戦争開戦となり、小学校は国民学校となり、四月一日からお米は配給となる。

弟が小学生になった年（昭和十五年）の十月、大政翼賛会が発足し、二年生になる頃、小学校は国民学校となる。十六年十二月に日米開戦、十七年四月十八日、東京に空襲が始まると、小学生は空襲下の大都市に置くべきではないとされ、三年以上の縁故疎開が始まり、弟は母と軽井沢に疎開して、軽井沢町立小学校に学ぶことになった。さらに学童疎開として学校ごとに全小学生が東京から疎開させられるようになると、弟も東京高等師範附属小学校の生徒として、強制的に新潟県魚沼郡中之島字中野の青木寮への学童疎開の仲間に加わらざるを得なくなった。男子は兵役、女子は勤労動員、小学生は学童疎開を強制された。家族はどこの家族もバラバラになる。この日本の歴史の変化が自分の家族にどういう影響を与えたのかを改めて考えさせられる。

一九二四年、米国で排日移民法の成立後、父は当時、鉄道省を退職して文筆活動をしていたので、日本の事情、日本の文化、文学について講演旅行をしていた。また一九二五年の第一回から、太平洋会議には日本人委員として六回すべてに出席するなど、海外に出掛けて留守の月日が多く、その間海外から子供一人一人にはがきをくれたものだった。家にいる時は書斎にこもって原稿を書いているので、子供が騒がしくすることは許されなかった。鬼ごっこなど家中を駆け廻るようなことはできず、隣の後藤家に行って従兄弟と思う存分走り廻ったものだった。

母が我がままを許さないのと同時に、大政翼賛会成立後、大日本婦人会、愛国婦人会の襷を掛けて婦人たちが町に出て、「贅沢は敵だ」などと唱えてくり出す時代となっていった。袖丈の長い着物は許されず、袖丈をつめるよう求められた。やがて女学生はスカートからモンペのようなズボンが制服になってゆく。

昭和十二(一九三七)年夏、オーストラリアで開催された国際新教育会議に出席のため、父は姉と当時登校拒否をして中学に行かなかった兄を連れて出かけた。姉はオーストラリアの人々の前で、父にレコードをかけてもらい、日本の着物を着て衣裳をつけ「藤娘」を踊ったと聞いた。その時、先述のエミューという大きな鳥を二羽お土産として連れて帰った。

兄の年譜をみると、この年の十二月、初めて父に連れられてアメリカに行き、アーサー・シュレジンガー・シニアと都留重人氏等にお目にかかっている。一度帰国して、昭和十三年

令嬢の舞踊を贈物に

濠洲へ平和の使ひ

日本人は侵略的好戦的國民ではなく平和を愛する國民である――と北支の風雲急を告げる時鶴見祐輔氏が令嬢令息を伴つて来る八日濠洲へ出發平和の使ひをする【寫眞は出發を前の鶴見氏と令嬢和子さん】

今夏濠洲各都市で開かれる國際教育會議に日本代表として招待されたのが去年八月、近衛首相、廣田外相にもすすめられていよいよ鹿島立つことに決り十二日は文相官邸で安井文相、内ヶ崎、伊東兩次官、池崎參與官以下各局課長が送別茶會、十六日は商工大臣官邸で、二十三日は外務次官官邸でとそれぞれ送別會が催される

濠洲の教育會議は今夏日本で開かれる世界教育會議とはちがつて

毎年 濠洲で英、米、佛から一人宛招聘して行つてゐたのを今夏は戰爭を排げて我國からも招聘したが、世界屈指の親日國である濠洲のことであり、鶴見氏は講演百回の獅子吼を決意し同時に近來我が國の南進策に對し疑心を抱いてゐる濠洲人に對し眞の日本人の平和的性格を知らしめようと津田英學塾本科三年の愛嬢和子さん（二〇）と府立三中三年生の愛息俊輔君（一六）を伴ひ家庭的に親しませ、花柳流の舞踊をよくする和子さんはレコードを持參父子協力日本の南進策の本當の意味を說明しようと意氣込んでゐる

濠洲から鶴見氏に對する注文――全濠洲人に日本人を知らせるため出來るだけ僻地へも行つて貰ひたく又地方によると日本婦人を知らないから是非紹介して個人的に

交際 して貰ひたい――とあり氏の二ケ月間のスケヂュールは飛行旅行の連續、ブリスベーン、シドニー、キャムベラ、メルボルン、タスマニアのホバート、アデレード、パースの各都市、各大學歴訪である鶴見氏は十二日語る

メルボルン大學では私に學位をくれるさうですが、私は教育家と専門的討議を行ひ、夜は一般民衆に又家庭に對し日本を理解さすべく努力します、現在の様な重大時期に親善上是非お役に立ちたいと思つてゐます

父姉のオーストラリア行きを報じる記事（『東京朝日新聞』一九三七年七月十三日付）

オーストラリア行きの際の船、キャンベラ号の船上で。父、姉、兄（1937年）

（国家総動員法制定の年）の六月、父が国民使節として訪米する時に、母、姉、兄の四人で渡米した。兄は九月からマサチューセッツ州コンコードのミドルセックス・スクールに入学する。父は姉を母の学んだウェルズレイ大学に入学させようと考えてアメリカに連れて行ったのだが、姉は松岡洋子氏のお世話で、ヴァッサー大学で行われた世界青年会議にオブザーバーとして出席させていただき、すっかり同大を気に入って、自ら手続をして一人で学長にお目にかかり入学を決めた。その折、パール・バック氏とお目にかかり、その後親交を結び著書の翻訳もするようになった。

六月に父たちが旅立つときには横浜港に、体の弱い弟と、その世話をして下さっていた西本きくさんという看護婦さんと三人で見送りに行った。船の甲板から出港のドラの音とともに退去させられて以来、私は船出港のドラの音を聞くと、その時の淋しさを思い出すのだった。父母、姉兄の留守の間、私と弟は父のすぐ下の弟、定雄叔父、松子叔母夫妻に預けられた。定雄叔父のところの玲子、晴子、重之の三人と、憲叔父のところの良行、正志、順子、邦雄の計七人の従兄弟たちと、楽しい夏休みを軽井沢の別荘で過ごした。

その小学校四年生の夏、父母が米国から帰国すると、小学校教師の持丸先生をお願いして「猛勉強」をさせられた。女子学習院の入学試験の日には目が充血する始末だった。

「あなたはこの学校の入学試験を受けるのは二度目ですね」

と担当の先生に言われ、ひどく子供心を傷つけられたのを今も覚えている。

当時、私の通っていた東京女学館は母の姉、佐野静子伯母の通っていた学校であったが、母は自分も姉も女子学習院なので、同じ学校で同じ教育を受けさせたいという気持ちが強かったのであろう。

女子学習院中期一年（現在の小学五年生）に入学すると、隣に住んでいた一歳上の従姉の豊子さん（後藤一蔵の四女）が一緒に登校してくれた。

女子学習院は、桜田町の家から、青山通りを渡って、今の秩父宮ラグビー場のところにあった。戦争中の「歩け歩け運動」で、歩いて登校するように要求されたので、豊子さんと二人、青山墓地の真ん中の道を通って通学した。後藤新平のお墓がその道沿いにあったので、そのお墓にお参りして通るのが毎朝の日課だった。

女子学習院は、東京女学館と全然しきたりが違ったので、豊子さんが教えてくれた。お昼のお弁当のあと、三つの色に分かれての「巴《ともえ》合戦」というのも、初めての経験だったし、「あそばせことば」も教えてもらった。三級上に照宮様がいらしたので、皇后陛下がよく参観にこられた。

東ボストン移民局（Boston Public Library 蔵）

姉と兄はアメリカ留学のまま、私が女子学習院中等科一年（現在の中学一年生）の時、日米開戦となる。

兄は物凄い努力をしてミドルセックス・スクールを一年で卒業、ハーヴァード大学哲学科に入学していた（昭和十四年）。昭和十六年十二月七日（現地時間）、日本は真珠湾を奇襲、日米開戦となる。ハーヴァード大学の日本人留学生として、地元の新聞から取材を受けたと、兄の年譜に書かれている。さらに、昭和十七年二月、米国連邦警察（ＦＢＩ）により連行され、東ボストン移民局に拘留され、兄は書きかけていた大学の卒業論文を、何の参考文献もなく書かなければならなくなる。姉は女性であり、学生を続けていられたので、許可を受けて東ボストン移民局に行くことができ、兄の手書きの卒業論文をタイピストに頼んで打ってもらい、ハーヴァード大学に提出してくれたのだった。曲りなりに兄はハーヴァード大学卒業の許可が出る。この姉の助けがなければ、兄は日本では小学校卒業の経歴しかないことになるところだった。さらに下宿の部屋の片付けも、姉があの時アメリカにいなければ、どうなっていただろうか。

米国にいた姉と兄は、日米交換船で一九四二（昭和十七）年六月に米国出航、八月二十日にポルトガル領東アフリカ、ロレンソ・マルケスで浅間丸と交換して、無事横浜港に帰着。兄は翌日、二十歳となり徴兵検査をうけ、一九四三年二月、海軍軍属としてジャワ島へ、ジャカルタ在勤海軍武官府勤務となる。

戦時の学校教育の環境は厳しくなる一方で、高等女学校（女子学習院中等科）の学生にも勤労奉仕を求められるようになって、授業は減ってゆく。

記録によると、中等科一年生のとき（昭和十六年）には、映画鑑賞は、戦時体制下、軍国映画や、大本営発表の戦況ニュース映画が多くなっていく。七月十一—十七日には陸軍傷痍軍人の夏衣制作をさせられた。

十月二十二日、学生隣組別集会演習、防空訓練や避難演習、隣組別集合帰宅、十二月には女子学習院勤労報国隊が結成され、オーバーの腕にその腕章をつけて登校した。十二月か一月には繃帯用ガーゼ巻という勤労奉仕が始まる。

昭和十七年になると、空襲警報の度に学校の隣の野球場に避難となり、防空頭巾を通学時常に携帯するのが義務となり、制服もスカートではなくズボンになってゆく。

昭和十八年になると、勤労作業は増し、傷病兵のための白衣の裁縫、陸軍防寒外套纏作業の他、農耕の勤労作業も増えた。一番のびのび自由に成長してゆく時期に学校での作業は増し、空襲も襲ってきた。

昭和十九年、中等科が五年から四年に短縮され、女学校最高学年になると、学校の授業も減少し、農作業にかり出された。十月からは東芝の下請けとして真空管組立作業が開始され、検査に通った真空管を川崎の工場に当番で届ける仕事も加わった。それでも、学習院は文部省ではなく宮内省の管轄なので、戦争中も英語・フランス語の授業が続けられた。

二十年二月、兄も弟も手許に居なくなった母が軽井沢で脳出血で倒れて、私はその看病のため学校を休まねばならなくなり、三月の卒業式は欠席した。二月には毎晩東京にはアメリカ機が空襲していた。三月九日は東京大空襲となる。そして五月二十五日、女子学習院の木造校舎は空襲により焼失した。

父の後ろ姿

父の年譜をみると、大正十三（一九二四）年、官吏になってから十四年で、鶴見家の弟三人と妹をそれぞれ自立させ、当時の家族制度のもと長男としての義務を果たしたとして、政治家になろうという希望実現のため、後藤新平の反対を押し切って二月に鉄道省を退官した。五月には国会議員になるべく岡山県第七区から立候補して落選している。

その年、米国で排日移民法が成立し、父は日本の事情と日本文化をアメリカ人にわかってもらおうと、その年の七月から一九二五年十一月まで、一人でアメリカ各地を講演旅行する生活が始まる。ただの民間人として有料の講演を続けていたことになる。

さらに一九二五年七月、第一回太平洋会議（ホノルル）が始まると、以後第六回まで日本人委員として欠かさず出席したとの記録が残されている。日本のために、より深く日本の文化を理解してほしいと努力した父の姿が、石塚義夫氏の『鶴見祐輔資料』にも、上品和馬氏著『広報外交の先駆者　鶴見祐輔』にも、詳細に記録されている。日本がアメリカ合衆国という大国と戦争して勝てるわけのないことは、戦前に海外に出かけ、日本という国を客観的に見る機会があった父は知っていたし、姉と兄も戦前外国に出かける機会があったので、アメリカと日本の国との関係は客観的に把握しているはずであった。幼い弟と私とは、そこまで客観的に把握するほどには成長しておらず、当時のいわゆる軍国主義的な教育のもとでの学校教育を受けていたことになる。

弟と私はその齟齬を来たしているということさえ感じないで、家族として生活していた。その事実を、この度この記録を書くことにより、改めて資料を読み自覚させられて、アメリカ帰りの姉、兄の心中を初めて知ることになった。父も苦しんでいたことは、『成城だより』に書かれたものを読んで初めて知ったのだった。

さらに、兄の死後私のもとに送られて来た鶴見俊輔著『「思想の科学」私史』(編集グループＳＵＲＥ、二〇一五年)に「海軍は胸部カリエスで離れるけど、家に帰ったって、休まらないんだよ。そこでも、心を許して話をできるのが姉だけなんだ。弟や妹は、戦時の教育を受けているから(中略)。うちのなかから密告される可能性があるんだから」(一三三頁)とはっきりと書かれていて愕然としてしまった。国と国とが戦争をすることによって蒙る心の疵の深さを、この記録によって思い知らされたのだった。夫、内山尚三も男性として学徒動員され、結核を発病し、現役免除で帰されたのだが、親友そして、後に兄が戦死した。女性とは違う戦争体験をふまえて、兄も内山も死ぬまで平和運動を続けざるを得なかったこと、心の疵がどんなに深かったのか、私に語り続けていることを今しみじみ思っている。

父は昭和十五（一九四〇）年一月、米内内閣成立にともなって、内務政務次官に就任するが、内閣総辞職に伴って七月辞任している。米国との開戦に反対でありながら、この年十月に大政翼賛会成立後、その推薦候補として、昭和十七年五月、翼賛選挙により、岩手第二区から衆議院議員に立候補して当選している。

このために、昭和二十一年一月アメリカ進駐軍により公職追放となる。二十万人を超える指導層の人々とともに五年間の公職からの追放になったのだ。

自立していた姉と兄と違って、私は父に養われていた立場として考えてみると、当時父は病身の妻と、教育盛りの娘と息子をかかえていたという個人的条件があったのだった。父はその苦しみについて何も語らなかった。どんなに考え苦しんで選んだ道であったか。

それを姉は『女書生』（四二八頁）に、「敗戦後、アメリカ占領軍によって追放になったことは、父の生涯のショックであった」と書いているが、私はそう簡単には考えられず、この記録を書く上で一番苦しんだところである。その父に学費、生活費を出してもらって生活を続けていた身になる。私と弟はまだ未成年であった。私と弟はどう考えたらよいのか。今、弟もおらず、相談することは不可能なので、この問題は昭和史の問題として心に残され、今後も考えてゆくべきものであると思う。


その苦しみの中で、父は私に言った。

「お父さんの後ろ姿を見て、これからの人生の生き方を学んでほしい」と。

人生の絶頂の時にでなく、人生のどん底にある時、父は言ったのだ。そしてさらに昭和二十三年一月「極東軍事裁判を、参考のために若い貴女が一度見ておく必要があると思う」といって、友人で弁護士の滝川政次郎氏に依頼して得た一枚の傍聴券を渡され、一月二日の寒い朝、私は一人で四谷の極東軍事裁判を見に行ったのだった。

九十歳を前にして、父がどん底の時に人生の生き方を学んでほしいと言った意味は、今はわかるし、ありがたいことであるとしみじみ思う。しかし言われた時は驚いて、兄に言った

ら、

「おやじが俺にそんなこと言うわけないだろう」

と言われてしまった。父と兄との関係についても、私はまだその時よくわかっていなかったことが今はわかるが。

姉や兄、そして弟も父とよく議論をしたというが、私だけは言われっ放しで、父と話をしたことはなかった。そして、私が、内山の留学に従って家族と一年間アメリカで生活して帰って来た時、もはや父は、私の話を聞くことはできても、そのことについて自分の意見を言うことはできなくなっていたのだった。

けれども、娘にとって父親は初めて出会う大切な男性で、温かく優しく受け容れてもらったことが、どんなに大切なことであったか、その幸せを今しみじみ感じている。将来を考え配慮していつくしんでくれた父の温かさを感謝し、今ありがたく懐かしく思い出しているのである。

そしてもう一つの不思議は、三十九歳でもう養うべき家族を持ちながら、父を新渡戸稲造とともに国際人として育ててくれた舅の後藤新平の反対を押し切ってまで、官吏の地位を捨てて、筆一本の生活に踏み出したという大胆さである。考えれば考えるほど不思議に思える。

父はそんな豪胆な人とも思えないのに。これは姉も不思議に思って父に直接訊いているが、私は訊くことはしなかった。不思議のまま残されている。

私の戦争体験について

時代が家族を引き裂いてゆく

昭和三（一九二八）年生まれの私どもは、昭和という時代をほとんど生きたことになる。そして、戦中・戦後の混乱期はまだ未成年で迎えた。私の戦争体験は子供から青年期の話となる。

考えてみると、父母は明治人、姉と兄は大正時代の文化を背景にしている。私と弟だけが昭和を根底にして生きていたことになる、と今回初めて気が付いた。自由が段々と制限され、国家権力が教育を完全に掌握していた時代に生まれ育っていたわけである。そして、父母、姉兄は日本の国外に出、母、姉、兄はアメリカの大学で学んだ経験をもち、父は国際的な仕事をしていた人間であった。四人とも日本が負けることを知っていて、私と弟だけはまだ子供で何も考えず、この六人が一つ屋根の下に暮らしながら引き裂かれていたとは、私はこの度初めて知らされた。戦争体験を振り返る機会がなければ、この事実を現実のこととしてつきつけられることなしに、私は生を終っていたと思う。父母姉兄が、そして弟も他界してしまった現在、その現実の聞き取りは不可能である。

兄の著書『「思想の科学」私史』（編集グループSURE、二〇一五年十二月二十日初版）の八一頁に「胸部カリエスで二度手術して、内地に送り返された。家には、私と判断をおなじくする姉がいたが、妹と弟は戦争の側に立ち、父は議員として国会に行く時には戦争目的に沿うようにして暮らしていた。家の中をふくめて、ここは、米国に残った場合よりも、私にとっては敵の国だった」と書かれている。これは兄の死後出版され、私の目に止まったのは、二〇一五年十二月のことで、私はすごいショックを受けてしまった。家族が時代に引き裂かれていた現実を、戦後七〇年後に示されたわけである。只今、家族の中でただ一人ぼっち取り残されて、今更その事情を誰にも聞くことは許されない時になって明らかにされたむごい現実である。戦争は家族を引き裂くという事実を、戦争体験を振り返ることによって示されたのだった。

私の生まれた昭和三（一九二八）年に普通選挙が行われた。父は衆議院議員となる。

六年には満州事変。

八年には、日本は国際連盟から脱退し、出版法、新聞法の改正が行われる。

十一年には、二・二六事件が起こる。日本の国は国号を「大日本帝国」という呼称に決定した。日独伊三国防共協定締結。

そのような時代の中で私は育った。

その頃は子供で、学校教育への国家権力の介入を感ずることも、自分が軍国少女であるなどと思ったこともなく、戦争が終り、東京女子大学の専門部歴史科に入学し、初めて日本歴史を「皇国史観」で教育されていたことを知ったのだった。


この度、改めて昭和史をたどり、三歳の時始まった満州事変から、十七歳で敗戦を迎えるまでの戦争の歴史の中で生きていたことを、はっきり自覚させられた。小学校六年間はきちんと学ぶことができたものの、高等女学校（女子学習院中等科）は五年制を四年制に短縮され、きちんと授業を受けられたのは一年生の時だけだった。

学校の授業は週一回となり、二年生からは勤労報国隊の結成により、午後から繃帯やガーゼ巻など勤労奉仕が始まる。四年生のときには学校は工場となり真空管組立作業が始まる。真空管組立の検査に合格した真空管が一定の量溜ると、川崎の東芝工場に地下鉄と省線を乗り継いで届けなくてはならなくなる。

さらに昭和十七年四月から東京に米国による空襲が始まる。空襲警報が鳴ると、学校の隣の野球場に避難し、防空壕に入る。通学には必ず防空頭巾を持ち、セーラー服にモンペという姿であった。

夜は夜で、麻布の家から、下町が空襲による火災で焼けるのが毎晩見えた。夜寝る時は寝巻に着がえられず、枕元には防空頭巾を置いて、空襲警報のサイレンが鳴ると、それをかぶってすぐ外に飛び出し、竹の竿の先につけた蓆《むしろ》を防火用水につけて、落ちてくる火の粉をパタパタとたたき落すのだった。この寝巻に着がえて朝まで寝床の中でぐっすり寝ることのできなかった記憶は、私にとって戦争体験の一つであり、今でも外国へ行く飛行機に乗り、昼間の服装のまま眠ると、そのにがい思い出が、私の体の中に残されているのを感じる。

軽井沢での母の闘病生活と私

こうして女子学習院中等科四年生（現在の高校一年生）の私は、昼間は学校工場で真空管を組立て、夜は父と竹竿で火の粉をたたく毎日を過ごしていた。三月には卒業式を迎えようとしていた昭和二十年二月のある晩、小学生の弟と長野県に疎開していた母が、脳出血で倒れたという知らせが入る。

父から「女学校の卒業式がもう直ぐなのに出席できないで可哀そうだが、学校を止めてお母さんの看病に軽井沢に行ってほしい」と言われた。既に一月に東京女子大学の入学試験には合格していたのだった。

私は翌日すぐ軽井沢に行き、母の看病に当たった。当時は戦時中で男子は徴兵、四十五歳までの独身の女性は徴用されて軍需工場で働かなければならなかったので、家事を手伝う女性にも看護婦さんにも来てもらうことはできず、私が行くしか道は残されていなかったのだった。

私が数え年六つの時から母は高血圧症で、昼でも横になっていることも多い生活であった。

女子学習院中期（現在の小学校五〜六年生）の頃から看病のために学校を休むことも多かったから、当時の私は卒業式に出られないことを、別にそんなに大したことと思ってはいなかった。東京に父と居た頃は毎晩空襲があって、朝までぐっすり眠ることはできなかったが、軽井沢では寝巻に着がえて朝までぐっすり寝ることが許される。寒くてもとてもありがたくさえあった。

しかし、二月の軽井沢の生活はなかなかのものであった。何しろ別荘というものは夏を涼しく過ごす目的で、急拵えに建てられた安普請の家である。厳寒を過ごす手だてなど考えられてはいない。うっかり卵や御飯を出し放しにしておくと、室内でも凍ってしまう。野菜はすべて室《むろ》に入れておかなければならない。いろいろ気配りが東京と異るのだった。暖は薪ストーブで取る。上に大きな薬缶をかけて置いてお湯をわかしたり、豆を煮たり、シチューを煮たり、焼きにぎりを作ったり、みかんを焼いたりもできる。

軽井沢に行くと、かかりつけ医は軍医として出征しておられ、毎日自転車で往診して下さっていたのは、リトアニア人の医師サンダース先生であった。

「お母さんの体には一年分の塩分があり、当分はとらなくても充分です」と言われ、一年間は塩断ちをして、料理の味付けは砂糖と酢を使うようにと言われた。塩、醤油、味噌は使ってはならないという。私はまだ十六歳で家事に慣れず、料理上手でもない。その娘の作る料理を母は一言も文句を言わず、どんなにまずかっただろうに食べてくれた。

高血圧ではあるが、体の麻痺があったり、言語に支障があるということではなく、絶対安静と塩断ちを医師から命じられていた。戦時中のことで、高血圧を下げる薬はなく、血圧が百八十、二百二十と上がると、瀉血といって太い注射器で血液を抜いて血圧を下げる。サンダース先生は怒ると英語になる。母には通じるが、私は充分に理解できず、意思の疎通がうまく行かなくなって困ったこともしばしばだった。闘病中一度だけ危篤になり、父が東京から駆けつけてくれたこともあったが、薬なしの医療でも何とか日々をしのいでくれたのだった。

大家族化した軽井沢

昭和二十年三月に入ると、東京の空襲が激しくなり、家屋を空襲で失った叔父たちが家族を連れて、次々軽井沢の家に疎開してきた。一番多い時は十七人もの家族となった。

当時、外務省の分室が軽井沢の三笠ホテルに置かれ、外務省勤めの鶴見良三、憲の二人の叔父たちは、自転車で通っていた。開戦後故国に帰らない四十カ国の外国人の強制疎開地となり、大公使館は疎開して来た。外務省は軽井沢に集められた在日の外国人の監督をしていた時代であった。

当時は家族制度が確立していたので、何か困りごとがあると長男は家族の世話をみなければならなかった。父は鶴見家の長男、母は長男の嫁に当たるので、私は長男の嫁代わりとして親戚の世話をせざるを得ず、皆のために食料の調達をしなければならなかった。自転車に乗り御代田、小諸あたりまで買出しに行っても、子供なので大したものを買ってくることはできなかった。小諸までの道は未舗装の泥んこ道で、従兄弟と自転車を連ねて行く。フダンソウだけしか分けてもらえない日もあった。

春になると森の樹を伐り、薪をつくり、土地を耕して畠を作る。まず肥料のために大工さんを頼み外便所を造った。別荘の管理人、藤巻弥之《ますくに》さんに農業のすべてを教わって、下肥は肥桶に汲んで天秤棒でかついで畠まで運ぶのだが、そのかつぎ方も習った。これがなかなか技術を要する。上手く調子が取れなくて、汚穢が顔にも衣類にも情容赦なくかかる。畠に着くまでには半分になってしまう始末だった。

しかし畠づくりが始まると、自分の家の下肥だけでは足りないことがわかり、家から十分ほど歩いた六本辻の近くに牛舎があるので、そこで牛糞を分けてもらう交渉をした。疎開者に牛糞を分けると村八分になるから、夜、廻りにわからないように来てくれと言われ、真っ暗な夜道を提灯をさげてリヤカーを引いて、とぼとぼ牛舎にもらいに行った。さすがに夜なので、良三叔父が同行してくれた。

当時軽井沢で作れる野菜は限られている。トマト・茄子は今は作れるが、その当時には作れなかった。馬鈴薯・キャベツ・南瓜・唐もろこし・胡瓜・いんげん等を作った。野原に生えている草、茸は食べられるものを教えてもらって食べた。ぎぼうしの葉は大きいが味はあまりなかった。燃料は山で薪《たきぎ》を拾い、木を伐って薪《まき》を割る。山羊も鶏も飼った。お風呂を薪で焚き、その燠で台所の七輪の炭をおこす。燠は大切だった。

慣れない私が畠作りをするので、一度に一種類の物が沢山できてしまい食べ切れず、近くに疎開していた親戚に配って助けてもらったりしたこともあった。一日中寝ている母にキャベツを食べさせて、サンダース先生に寝たきりの人には消化ができないと注意されたことも思い出す。南瓜の食べ過ぎで手のひらが真黄色になってしまったのも、懐かしい思い出である。

大家族を一人で、母を看病しながら支えてゆくのは、中々大変だった。サンダース先生から、心配させたり、急に喜ばしたりさせてはいけないときつく言われていたので、家族間に何か問題が起きても母に相談できず、人知れず涙を流したものだった。しかし、それが後になって何か問題にぶつかると、あの時なんとかなったのだからと、その後の私の支えになっていると今は思っている。

兄はジャカルタにいるし、幼い弟は学童疎開、父と姉は熱海から東京に通っている。心配するなと言われても心穏やかではなかったと思うが、母は何も文句を言うことはなかった。家事に慣れない私に箒の扱い方、板の間や廊下を掃いて雑巾をかけるやり方を教え、その掃除が毎日何分かかるかを計って少しでも短くなるとほめてくれもした。

そして、母の体を清拭するため大きな釜を薪で焚いて湯を沸かし、毎日拭いてあげたことも、その後の病人の介護に役に立っているのだった。

慣れない娘に看病されて母はどんなに苦しい思いをし、また離ればなれの家族への思いに心を痛めていただろうに、私はそこまでとても気が廻らなかった。

親戚同士当番で、炊事、掃除、お風呂焚きをするのだが、ここでさまざまな考え方をする人のいることを学んだ。協力的な大人もいれば、協調性を欠く大人もいる。当番をきちんと果たす人も、嫌う人もいる。お手洗いの掃除は絶対にしない人、風呂焚きはしない人もいる。それに加えて食糧難は人間関係をぎすぎすさせた。疎開者と地元の人との関係も難しかった。私はここで「大人」になっていったのだった。病気の母に心配をかけてはならない。自分が我慢して働きさえすれば済むことである。ただそれだけで毎日毎日、母の看病と大家族の世話にあけくれた。母の姉の静子伯母が医師である佐野彪太と結婚していて、母の病気を気遣って、病院用の配給の砂糖を分けてくれた。その大切な砂糖は母専用として茶色の壺に仕舞ってあった。それを少々いただいて内緒でこっそり舐めたりしたことも、苦い思い出である。

東京のどの家もトラックで疎開先に荷物を送った一時期があった。鶴見さんの荷物は紙屑ばっかりだと陰口を言われた。他の家は着物や帯や簞笥が沢山あるのに、御宅の荷物は書籍や資料、原稿、書類、手紙に古新聞と膨大な量の写真類で、重くて困るという。桜田町の家を満州国大使館に貸したため、家財をすべて疎開先に送ったのだった。父の死後、これらは今、国立国会図書館の憲政資料室に収められている（「鶴見祐輔関係文書」）。

三月の東京大空襲のあの夜、何の用事があったのか覚えていないが、軽井沢から兄と二人で東京の麻布の家の父の許に帰ったことがあった。途中で空襲警報が出て、汽車は時々止まった。走っては止まり、走っては止まり、上野まで辿りつけず、赤羽で止まってしまった。何とか電車を乗り継いで渋谷まで来た時は夜になり、雪が積もっていた。革靴などない当時のこと、豚だか犬だかの革にファイバーという紙のような革の代用品の厚手の底のついた靴をはき、重いリュックサックを背負って二人でとぼとぼと夜の雪道を歩いた。高樹町辺りでお巡りさんに会ったら、「ご苦労さんです!!」といって敬礼された。空襲の被災者と間違えられたものらしい。ファイバーの靴底は渋谷から麻布まで歩く間に、雪ですっかり溶けてなくなってしまったことを今でもはっきり覚えている。

突然の終戦を迎えて

昭和二十年八月十二日、父が急に東京から軽井沢に私を迎えに来てくれた。私にはまだ戦争が終るとは知らされず突然のことだった。母を憲叔父の夫人英子叔母がみてくださることになり、十三日父に連れられて私は急遽上京、八月十四日に東京女子大学に入学手続をしに行く。

東京は三月に大空襲を受け、どの学校も四月に入学式はできる状態ではなかった。東京女子大も六月に入学式をして、夏休みどころではなく、八月にも授業を続けていたため、八月十四日に入学手続きをすることができたのだった。十四日も東京は空襲を受け、私は女子大の防空壕に入った。「明日から登校を許可します」と言われた。

八月十五日から登校の許可が出て、十五日に登校すると、「学生は講堂に集まれ」と言われ、全員が講堂で終戦の玉音放送を聴く。講堂は大混乱となる。親御さんが職業軍人の場合、両親が中国、朝鮮、その他外国におられる場合もある。思いもよらぬ突然の敗戦という結果で、収拾のつかない状態となり、大学は即日休校となり、私はまた軽井沢に戻って行くしかなかった。

その後の軽井沢は、大きな荷物を背負った復員軍人が夜昼を通して国道十八号に溢れる毎日だった。

どういう経緯でそうなったのか不明なのだが、自殺された近衛文麿氏の所へ、父の供をして弔問に伺ったことも思い出される。そういえば、父の友人の岩永裕吉氏が軽井沢の別荘で病死された時、父はできる限りの白い花を摘んで来るように命じた。泣きながら野菊のありったけを腕一杯摘んで供花とした。人間の死に初めて向き合ったのもこの軽井沢での出来事だった。

東京の麻布桜田町の家は、戦時中に満州国大使館の宿舎として貸してあり、当時父と姉は熱海市温泉通りの借家に住んでいた。戦争が終り、家事を助けてくださる方を頼むこともできるようになり、母を託し、私は熱海へ帰って行った。

東京女子大は十月に開校が決まったが、東京の家はアメリカの進駐軍に接収されてしまった。ある時には、弟と私は父とともに熱海の家から東京に通勤、通学となり、私は西荻窪の女子大まで通った。弟は小学生なので、五時半に家を出る。駅への途中で犬に吠えられて恐いというので、母がそこまで送って行ったところをみると、その頃には母の病気はよくなっていたのだろう。

ちょうど試験の時世話になっていた家が停電で、電気のついている親戚の家に世話になったり、寮暮らしの時、食糧がなくなり、通学生に一人一合のお米を持ってきてもらって、寮生の食事を助けてもらったりしてしのいだこともあった。

紙不足で、図書も教科書もなく、講義はすべてノートに筆記し、学生同士読み合せをしたのも懐しい思い出である。これが今も、人の話を聞くと、すぐノートに書く習慣となって残されている。

弟も私も熱海から学校へ通いきれず、東京の親戚の家にお世話になった。また私は東京女子大の東寮に入ったり、姉、兄、弟と四人で目黒区鷹番町の可児さんというお宅の二階に間借りして住んだりもした。そして昭和二十二年九月、父は東京の世田谷区成城町に友人の紹介で一軒の家を譲り受ける。それまでの熱海の借家を引き払って引越した。戦争中バラバラに暮らして来た家族がやっと一軒の家に暮らせるようになった。父母姉兄私弟の六人一緒である。私と弟もそれぞれ自分の部屋を与えられて、東京女子大三年生の終わりに、やっと学生らしい生活を落ち着いて送れるようになった。

暮らしの中の公職追放

私がもの心づいて父を意識し出した頃、父はアメリカの排日移民法に反対して、米国各地で米国人相手に日本の国の立場、文化、文学について一人で演説して歩き、戦前に六回開かれた太平洋会議に、日本人の委員として全回出席していた時代であった。船に乗って遠い外国に出掛けている時、それぞれの子供に絵葉書をくれる父であった。そうしてその後、後藤新平伯伝記編纂会を組織して、後藤新平伝の執筆に取り組む父がいた。

さらに長じると、自由主義を唱える父が軍国主義に加担する内閣の内務政務次官を務めたり、さらに大政翼賛会に連なったりした。このため、昭和二十一年一月四日、ＧＨＱにより公職追放となった。

当時、姉と兄は既に自立していた。私は東京女子大（当時、旧制女子専門学校）の学生であり、弟は敗戦までの戦争中、小学生として縁故疎開や学童疎開を命じられ終戦を迎える。父が公職追放を受けた時には、四人の子供それぞれが、それぞれの年代による影響を戦争から蒙ったわけである。さらに父は、病弱な妻をかかえていた。

その後姉は社会学の立場から、父の公職追放について『女書生』に書いている（四二八頁）。兄は父の公職追放をオリジンとして「転向」という問題を学問的対象とした。グループを作り、長年かけて共同研究をし、三年がかりで『共同研究　転向』上中下三冊として残した。

兄はその本の中で、「転向問題に直面しない思想というのは、子供の思想、親がかりの学生の思想なのである」（三頁）と書いている。まさに私であり弟の世代である。

父は、公の仕事を五年間赦されなくなった。その間に父は八冊の『成城だより』を執筆した。

戦前何度も渡米し、広報外交活動をしてアメリカという国を客観的に見る機会を持っていた父が、日本から戦争を仕掛け日米戦争となった時、その結果はわかっていたはずであった。親しくしていた河合栄治郎先生はじめ開戦に反対の方々もおられたのに。父が公職追放された五年間の戦後の日々はどんなに苦しかったろう、と心情を察するにあまりある状態であった。

公職追放の時期の父、そして病に倒れ、思うことが話せず、体も自由に動かせなくなった最晩年の十四年間の生活のあり方は、今も私の心に深く語りかけてくる。

父母想ひ卒寿の花を仰ぎけり　　章子

父の『成城だより』を読み直して

公職追放を受けている間に、父は『成城だより』を八冊書いて出版している（一九四八―五〇年）。父が追放をどう考えていたのかを私は知りたいと思った。二〇一〇年十月、学術出版会から『鶴見祐輔著作集』としてこの八冊が復刊されたことを、たまたま新聞紙上で知って、すぐ購入して読んでみた。もとの『成城だより』よりも判も大きく、紙は上質で、何よりも活字も大きくはっきり印刷されていた。若い時一度読んだはずなのに、全く覚えていないとは。

今まで、父が子供を叱らないのは、母があまりにも厳しく一日中子供たちを叱っているからとか、父の話で、「お母さんはいいよな。お腹を痛めて生んだ子だから、いくら叱っても子供は母親から離れてはいかないけど、父親はそうはいかないもの」と言っていたので、そうとばかり思っていたら、そうではなかった。

父は十人兄弟姉妹だった。祖父は決して子どもを叱らなかったという。躾は母が厳しくするという鶴見家の伝統であると書かれていて、私はそれを初めてこの度知った。父の弟である三人の叔父たちも、そう言えば皆優しかった。祖母は立身出世主義であったことは父から直接聞いていた。「偉い人になれ」と常に言われていたそうだ。私は父が早く母を亡くして、十人兄弟の長男として苦労して来た結果、三人の叔父たちも、そして叔母たちもみんな優しく接してくれているのだとばかり思っていた。この本を読むまで、父の優しい子への接し方を、鶴見家の伝統とは思っていなかったのだった。


次の問題は、父が兄についてどう考えていたのかを知りたかったことだが、それについても知ることができた。

姉と兄は、父母に連れられて、昭和五（一九三〇）年十月十二日、大連の星ヶ浦に行き、祖父後藤新平の銅像の除幕式に出席する。

兄はその時のことを語っている。

「小学校二年のとき、大連の星が浦に私の祖父（後藤新平）の銅像が立つというんで満州に行ったんだけど、乗ってた自動車が囲まれて、張学良の軍隊がきわめて敵意をもって自動車の中を見ていた」（鶴見俊輔著『期待と回想』上巻、晶文社、二三九頁）

兄は自分を不良少年であったと言っているし、母は兄を育てることに心を砕き、当時有名であった教育心理学者の著書を沢山買って読んでいたのを私は覚えているが、兄がどういう悪餓鬼なのかまでは、私は幼くてわかってはいなかった。

石塚義夫氏の『鶴見祐輔資料』の一九三頁に、母が兄の不良化に悩み、キリスト教に入信したことや、兄の登校拒否について書かれている。

さらに父は『成城だより』第四巻の一〇三頁に、「何しろ手のかかる子供であった。十五の時に、私は日本の教育制度に反対ですから、もう学校に行きません。と言い出して中学三年でやめてしまった。梃《てこ》でも動かなかった。已むを得ず私が濠州旅行につれて行くと、今度は一生この国で暮らす、と言い出したのを、無理に連れ帰って、其の年の暮（一九三七年）米国に連れて行って、やっと承諾させて米国の予備校に入れた（ミドルセックス・スクール）。すると六年の課程を飛び級して、一年で卒業して、ハーヴァード大学の入学試験に合格して入学してくれた。そして、四年の課程を三年で卒業して帰ったのが戦争の最中で（一九四二年八月二十日）当時の反米空気の中で、本人も私も随分苦労した。それがやっと戦争がすんで人

絵はがき「大連　星ケ浦に立つ後藤新平伯の銅像」

前に出られるようになったのであるから、私たちは全くホッとしたのであった（一九四八年九月二十一日朝記す）」と書いている。

しかし、兄の苦しみも、父母の養育の苦しみも、姉と違って私は全く知らないで来た。同じ家に暮らしながらどうしてなのかは、今もって理解できないところである。父が兄について書いたものは珍しいが、兄や姉は色々書いているのに、どうして私がわからなかったのか。今もって不思議である。

父母とも姉とも弟とも、ましてや他人とも、兄について私は話をしたことは一切なかった。思い出すのはただ一回、兄が家出をして、井の頭線の三鷹台の近くに一人で住んでいる小屋を母と訪ねて行ったことである。私はまだ九歳の頃のことだったろうか。母は私だけを三鷹台の家に連れていった。母一人では行きにくかったのかどうか。一人で行くよりもよいと考えてのことであったのだろうか。当時、母が兄についてどう考えていたのかも、母は私には一切話はしなかった。その後、兄が家に帰って来たのかどうかも、私は全く覚えていないのだ。

新しくなった『鶴見祐輔著作集』を読み直し、父が公職追放を受けて、昭和二十二年九月から、世田谷区成城町に友人大蔵公望氏の世話になって、やっと一軒家に住むことが許され、

桜田町の家の書斎での父。思い出に残る父の後ろ姿
(『鶴見祐輔著作集』第6巻、学術出版会、2010年、口絵より)

何年ぶりかで自分の書斎を持つ生活を始めることができて、ゆっくり、心ゆくまで文章を書くことが許される生活を取り戻した感慨を綴っているのを確認した。

戦中、戦後の父の生活は、病気の妻をかかえて、どんなに大変だっただろうか。しかし、父は兄についても、母の病気についても、私たち子供に愚痴を言うことは一切なかった。

やがて母が旅立ち、四年後、父も倒れた。あんなに活動的で雄弁家だった父は、十四年間、動くことも、話をすることもできなくなった。それでも、明るく、世話をして下さる方々にも、いつも感謝の心を持ち、ユーモラスな仕草をしたりして、静かに旅立って行ったのだった。その時に、死の看取りをさせてもらえたことは、まことに幸せであったと思う。感謝。

父想ひ父の蔵書《ほん》読む長き夜　　章子

Ⅱ　看取りの人生

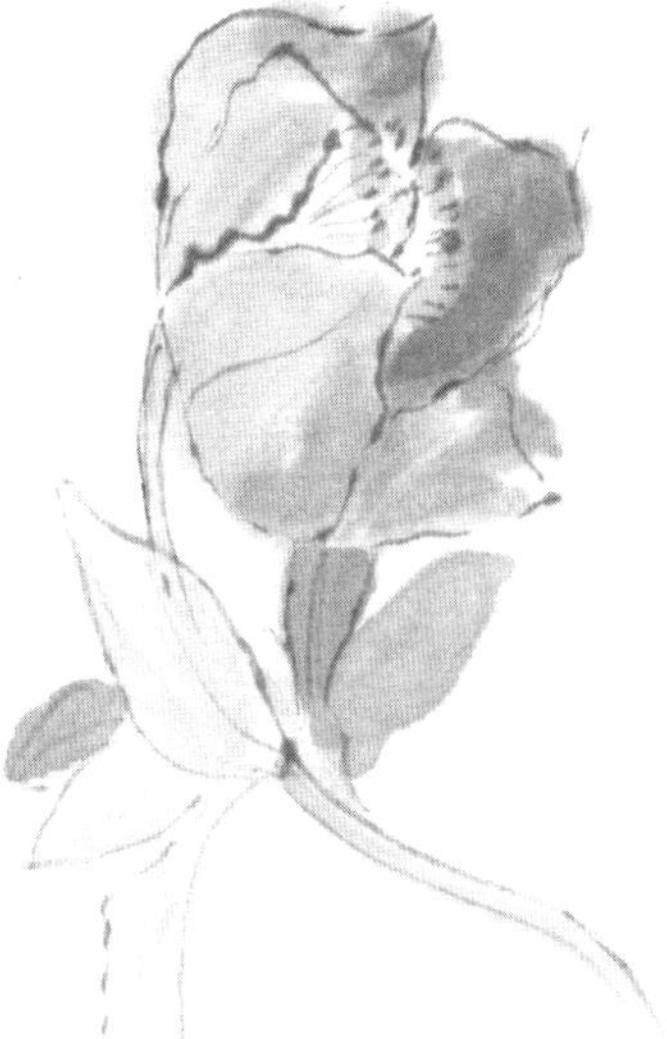

母が好きだったクリスマスローズ。
当時にしては珍しく、桜田町の庭の石垣に植わっていた

一　母を想う

母・鶴見愛子（1895.7.17 ～ 1956.5.13）
私にとっての母の姿はこの写真

母の看取り

私の母の看取りは、昭和二十年二月、母が疎開先の軽井沢で脳出血で倒れた時に始まる。私は十六歳でまだ役に立たず、介護も病人の母に教えられながらであった。二月から十月までの戦争末期から終戦直後にかけてのことであった。

母はその後暫くは大分健康を取り戻し、軽井沢から熱海の家に移り、さらに成城の家に落ち着いてからは、家の近くに、好きな茶道のお稽古に通い、友人もできていたのだった。

銀座の武見太郎先生の診療所に通う時は、私が供をしていったが、先生から特に御注意を受けることもなかった。私は東京女子大を卒業し、父はまだ公職追放中であったが、昭和二十五年の四月に結婚して、成城の家を出たのだった。

昭和二十八年一月二日、父がインド首相ネルーの招きによって、一月四日から一月十七日まで、ニューデリーのガンジー世界平和思想研究会主催の世界円卓会議に出席しようとする朝、母は脳溢血を起こし、一週間意識不明となった。

父は出席を躊躇したが、インド・英国・米国・ドイツ・日本の五カ国が集まる重要な会議であるから、後は姉が引き受けるから、と父を説得し励まして、父は心配しいしい出掛けていった。

私は夫内山尚三と前の年に生まれた長男洋を連れて、母の看病と家事を助けるために、世田谷の成城の家に帰ることとなった。

佐々木茂先生がお正月なのに駆け付けて下さり、心をこめて治療して下さった。派出看護婦さんを依頼し、水吉清香さんが来て、その後三年間ずっとついて看病して下さった。

母の意識は一週間戻らなかった。

軽井沢での母の看病のときは、母だけの世話で、私自身もまだ独りだったが、この度は父も公職追放はとけて仕事をしているので、父も支えねばならず、夫も居り、初めての長男の育児もかかえている。妻としても、母親としても未熟の上に重病人をかかえて、なかなか難しい日々を送ることになった。家事はもともと桜井かねさんという助っ人が母の時から助けて下さっていた。育児は品川つる代さんに来ていただくことになった。父が選挙に出馬すれば内山も手伝って地方に供をし、私も生まれて初めて選挙カーに乗ったり、新宿駅の駅頭で大衆を前に父がトラックの上から演説をすれば、父の隣に立ったり、慣れないことばかりであった。

母は入院することもなく、ずっと家での介護が続き、医師の往診を受け、投薬が中心でリハビリも医師の指導を受けた。水吉さんが助けて下さり、少しずつ、立ち、やがて廊下を歩けるようになっていった。

しかし、ある日母が手を上げると左右同じようでなく、片方の乳房の形が異なることを水吉さんが発見した。武見先生の御紹介で慶應病院に入院し、島田先生に執刀していただき、乳癌の手術をすることになり、一年半にわたって入退院を繰り返した。

昭和二十八年十二月、私どもに長女が生まれ、乳幼児が二人になると、あまりにも賑やかになり過ぎて、私たち一家は初台の内山の家に帰り、その後は姉が母の面倒をみてくれることとなる。

乳癌から胃と肝臓に転移してからは痛み苦しみが増していった。母は父の著書を病室に持って来てほしいと頼み、痛みが激しくなるとそれをお腹の上に置いて痛みに耐えていた。

入院中はいつも水吉さんが付いていて下さったが、苦しみ、痛みが増すと、夜は姉と兄も泊り込んで、交替で寝ずの番をするのだった。父が来て母の手を握っていれば、静かに痛みに耐えていた。私と弟はそれぞれが見舞うことしかできなかった。最期の十九日は苦しみ、父も懸命に手を握り励ました。

亡くなる三日前、父、姉、兄、内山と私、弟もいて、すべて家族の揃った時、一瞬意識がはっきりして、一人一人に別れの挨拶をし始めた。

兄に、

「お父さまを大事にして上げておくれ。自分のいいと思うように生きておくれ。あたしはなんにも言わないよ」

姉に、

「お父さまを大事にしてあげて」

父に、

「ほんとうに、ありがとうございました」

といって、頭を精一杯下げようとした。

弟に、

「よく勉強してね」

内山に、

「章子を大切にしてやって下さいまし」

と拝むように手をあげた。

これが母の遺言であった。

母はその時私を内山に託したが、私自身には何も言わなかった。内山は、その時母に「はい」と返事してしまったから、君と離婚できなくなってしまった、と言っていた。

その後、みんながいなくなった時、

「私はね。和子、俊輔、直輔にはなんの悔いもないの」と言う。私は「エーっ」と驚いた。あんなに兄のことで心配していたのに。

「だけどね。あなたには好きなことをちっともさせて上げられなくて、私の看病ばかりさせてご免なさい」

と言った。今まで、母は私に何も言わなかったけれど、ちゃんとわかっていてくれたのだった。皆の前では何も言わなかったところに母らしい深い配慮を感じる。今まさに死ぬというその時まで母は「母」であり、そしてさらにみんなへの配慮も忘れていなかったのだ。

昭和三十一年五月十三日、その日は日曜日であり「母の日」でもあった。医師から臨終を知らされ、家族一同集り、母の属するキリスト教の教会の牧師、熊野清樹先生も、教会の礼拝を終えて、慶應病院の病室にいらして下さった。

母の臨終の床で先生は祈り、そして聖書を読んで下さった。

「神のなされることは、皆その時にかなって美しい」（伝道の書　第三章十一節）

五月十七日、青山葬儀所で告別式がなされた。父はどんなに淋しかっただろうか。父が飲めない白ワインなどを飲んでいたのを私はかなしく眺めていた。

幼い日、母に教会に連れて行かれ、大きな声で讃美歌を歌った声を、今も私は讃美歌を歌う度に耳元にきく。

耳元に亡母《はは》の歌声　クリスマス　　　章子

母の日によせて

二人の母の大きすぎる違い

母についていざ書こうと思った時、さまざまな想いが湧き上がって来て、何から書いてよいのかわからなくなってしまうのが、人々の母に対する想いではないだろうか。結婚すると多くの人はつれあいの母親をもう一人の「母」として持つ。では、二人の母という形でなら書けるのではないかという思いに至った。

母というと一番先に思い出すのは、四歳の時夜泣きをして、雪のしんしんと降る庭にタオルの寝巻き一枚で、真っ暗闇に放り出された夜のことだ。母はきっちり雨戸を立てて、入れてくれない。暗さへの恐怖。足の裏は冷たく、大声で泣き叫んで渾身の力をこめて雨戸をたたいた。それでも母は戸を開けなかった。暫くして、女中さんが雨戸を開けて家の中に入れてくれた。何しろ厳しい人で、きちんとしつけないと、一人前の人間にはなれないと固く信じていた。「先生と親は叱らない方が楽に決まっている。あなたのためを思って叱るのである。どうでもよければ注意などしないものだ」というのが口癖であった。後に兄に聞いたら、「お前が大泣きして雨戸を叩いているのは知っている」と答えたが、「雨戸をあけてやろうとは思わなかった」と言うのだった。姉も、あけてくれなかったのに、「それは今なら児童虐待ね」との答えであった。

また、当時女の子は大きな口をあけて笑うものではないとされていたから、笑うと叱られる。叱られると思うと何から何までおかしくなる。そこで、私は学校でいろいろ面白いことをして友達と大笑いしてくる。家に帰ってからは笑わないことにしていた。

「我慢しなさい。あなたが我慢しさえすれば鶴見の家は上手くゆきます」と、父が今までどんなに苦労し努力して今日があるかを話して聞かせる。この母の言葉にのせられて、私は、父母を困らせたり、おねだりをしたり、大きな口をあけて笑ったりしない子供に育っていた。今から考えると、自分で自分自身を窮屈にしてしまっていた。

結婚してみると、夫の母は心からおかしそうによく笑う人であった。言うことにしても、何から何まで母とは違うのである。私はただただびっくりしてしまった。

姑は時間に厳しく規則正しい生活をする人であった。夕食は五時半と決められ、家長でさえ、その時刻に帰宅しなければ、家族は夕食を始める。食事はうす味で、塩分ひかえ目、蛋白質と野菜のバランスのとれた、今時おすすめの食事であった。昼食後は必ず二、三十分横になられる。家事はきわめて計画的にこなし、生活時間を乱すことはしない。まことに合理的な人で、母とはすべて違う生活パターンである。

母は塩分の多い味を好み、栄養バランスよりも父好みの食卓を用意する。食事時間も父に合わせるので、まことに不規則であった。父が家にいる日は原稿のきりのよい所で食事となるし、父が外出した日は、父の帰宅前に夕食をとることは許されなかった。食事がすむとさっさとお皿を片付けてしまう。ところが姑からは「あんたが来てから食事の後ゆっくりできないのよ。お皿は後で片付ければいいでしょ。夕食の後は楽しくみんなでお話をしましょう」と言われる。次から次から追われるように仕事をする嫁は落ちつかなくて困るという。

ある時、布団の綿の入れ方を教えていただきたいとお願いした。すると「習うより慣れろと言うでしょ。一生懸命工夫してやってごらんなさい。物は失敗して覚えてゆくものよ」と言われた。さらにまた「疲れたら昼寝を上手にしなさい」とも言われてびっくりした。女は一度起きたら夜寝るまで、横になるなんてとんでもないことだと心得ていた私は本当に驚いた。

「自分の体調は自分で整えて、病気をしないようにすることが一番大切なことです。病気をして家族に心配をかけたり、不自由な思いをさせるものではありません」

私の母は、私が五歳の時、弟を出産後に体調をくずし、父の留守の日は横になっていることが多く、子供にとっても、殊に父にとっても母の病気は一大事であった。私は病気がちな母をみて育ち、結婚してもし母親になったら〝元気印〟の母にならなくてはと心底思ったことだった。その点、姑はまことにセルフコントロールの上手な人で、亡くなるまで、風邪などで休まれることはあっても、一度も大病をして子供たちに迷惑をかけることなく、初めての病気で旅立たれた。九十歳であった。「章子さん、ありがとう」という言葉を残して。

同じ「明治女」でありながら、二人の母は全く違う「女性」を生きたと思う。律儀で真っ正直で働き者である点を除いて……。

自分をよくコントロールして、忍耐強く、人間として間違いなく生きてほしい。そのために我慢しなさい、我慢しなさいと厳しくしつけられた母に育てられてから、「人に迷惑をかけないように、常に体調を整え、小さなことなんかにこだわらず、おおらかに楽しく生きればいいのよ」という姑のもとに来て、二人の母を持てたことを、今になって心から感謝している。心身ともに健康で喜寿を迎え、楽しく生きていられるのは、この「二人の母」のおかげである。

黄八丈明治女のちゃんちゃんこ　　章子

姉兄私にとっての母

一九九五年に姉が倒れてから、責任を持つ兄俊輔とともに、私にできることはしてゆきたいと思ってきた。母がいたらこうしただろう、ああもしただろうとは思うのだが、母ほど行き届いてはできない。そんなおり、姉と兄と私の三人で珍しく外食に出かけたことがあった。姉にとって出掛けることも外で食事をすることも楽しみの一つであり、兄が席を設けてくれた。ご馳走に舌鼓を打ちながら談論風発。久しぶりの三人の夕餉を楽しみ、時を忘れた。話題の中心はやがて母のことになり、大いに盛り上がる。母のこととなると、兄は急に饒舌になり、いつも大声で話す姉が聞き手にまわる。

「それがあなたの一番悪い所です、って叱るんだよ、俺に。いつもいつもそれが一番悪い所だって言うんだ。それでさ、どこが一番悪い所か俺にはわかんなくてさ」と兄は言う。子供にとっては、些細な間違いや悪戯だと思うものに対しても、母は容赦なく叱る。子供自身は悪いことをした意識が全くないのに「そこがあなたの一番悪い所です」と厳しく叱責される。これは、私もいつも何がよく何が悪いのか迷ったから、同感であった。

私が、笑ってはいけないと言われるとすべてがおかしかったように、兄は男の子だから悪戯はますますつのる。

兄私弟の三人がよく叱られている時、もう姉は叱られる年齢を卒業していた。

「私は叱られることは叱られたけれど、お母さまはお父さまに遠慮があって、私をそんなにひどく叱れなかったのよ。むしろあなたが小さいのに、大きなお母さんが叱りつけてあなたを柱にしばりつけたりするから、小さい人をいじめるのは可哀そうだと思って、抗議するわけよ」

こうして兄は、母に叱られては姉に助けられるという体験を重ねて育っていった。

兄が中学生になって登校拒否をすると、母は兄の代わりに中学校に行って、一日中授業を受けてきて、夜遅くなると日本間で一生懸命兄に教えていたものだ。なぜ私が自分の部屋があるのに、そこに寝かされていたのかわからないが、夜遅くなると、近くから釜揚げうどんを取って、兄に食べさせながら教えている。母が描いてきた生物か理科のノートに描かれていた縞馬の絵の見事さにびっくりしたのを、今も鮮やかに覚えている。息子の代わりに母親が登校して教えるというのは、私からみてもやり過ぎではないかと思ったが、母は真剣そのものだった。明治生まれの母親の長男に対するこの熱の入れようは、私にも異常に思えた。このことが兄にとってどんなに息苦しいことなのか。母はよいと信じてしていることなので、客観的に観察することは不可能であったのだ。けれども、私の見るところ、母は母でその頃著名であった教育関係の専門家の本などを沢山買って読んでいたのだから、悩んでいたのだと思う。母はそれぞれ違う個性を持つ男二人女二人の四人の子供を懸命に育てたのだ。

母は五十九歳で亡くなった。母は最後まで一生懸命で初々しい女性であった。母は父を大好きだった。全身全霊を捧げて父に仕え、父が一番望むであろうようにと心を砕いた。子供の私たちから見ても、父を好きでたまらないというのは素晴らしいことに思えた。年を重ねても初々しく、見ていておかしくなるほど生真面目に生きた母だった。初々しさを保つとか、心の瑞々しさを持ち続けるように努力するとか、母はそんなことはみじんも考えていなかったに相違ない。ごく自然にそうであったように思う。それがどこから来たのか、生まれつきそうなのか、それは父に聞いてみたいものだったと、今にして思う。真っ正直で、生真面目で、最後まで初々しかった母。

母は「母の日」に亡くなった。

母の日が来ると、私は母が大好きだった都忘れを描く。

母の日や母の好みの花を描き　　章子

ミヤコワスレ

母の墓前で心ゆくまで泣く

母を想う時、さまざまな想いが雲のように湧き出て来て、何から書き出してよいのかわからなくなってしまうのが、多くの人の母に対する想いではないだろうか。人の心に母は住み、何事か起きるとすうっとそばに立って守ってくれる。たとえ間違ったことをしてしまった時でさえも。

十三歳の息子が小児喘息の発作で急死した時、私は母の墓の前で心ゆくまで泣いた。母なら私の悲しみ、苦しみをわかってくれると信じて流す涙だった。私は母から授かった命を子へ引き継いだ。その命を育てることができなかった。命のリレーを成し得なかったことを心から悔い、赦しを請うた。「母の墓」というものが娘にとって、こんなにも大切なものであり、同じ「母親」としての唯一の「砦」にもなりうるものだと思い知った。私は母の墓前で思いっきり涙を流すことで、少しずつ立ち直ってゆくことができた。母が私にとって何ものにもかえ難い大切なものであることを理解しても、それでもまだ私の母への想いを書くことはできなかった。

夫が慶應義塾大学病院救命救急センターに運びこまれ、三時間足らずで急死してから、私は大きい感情の起伏にもまれた。しかし、どんなに心が揺れ動いても、きちんと心の振子は元に戻る。これはまったく自分自身の努力ではないのだ。それは、叱られていない時は正しいことをしているのだと錯覚するほど私を叱りつけ、どんなことに出遭っても自分を見失わないように、人間としてきちんと生き続けてほしい、と念じた母の想いのなさしめる業であると気がついた。なんと、私は夫の死に直面して、やっと母の熱い想いがわかったのだった。

死の直前、母は家族一人一人に、医師に、看護士に、御礼の言葉をのべた。その母は「母の日」に夫と四人の子供たちに見守られて亡くなった。その瞬間、母は母の死を看取った一人一人の胸に還っていったのだった。

私は今まで父の思い出、亡き息子への想い、夫へのレクイエムは書いたのに（本書所収）、母への想いだけはどうしてもまとめることができないで来た。夫の急死の悲嘆の中にあって、私の心の奥底にいた母にもう一度改めて出会うことによって、なぜあんなに母が激しく「生き方」について私に迫ったのかが、はっきりと把握できたのだった。この子が今後、どんな苦労、災難に出遭うかもしれない。子を失うかもしれない。夫の死に遭うかもしれない。どんなことに出遭っても、どれほど心の振幅が大きくなったとしても、かならずきちんと元に戻るように、自分を取り戻すことができるようにと、あんなに母は私を叱りつけたのだ、と私はやっと気がついた。

四歳の時、夜泣きをして雪の降る夜にタオルの寝巻き一枚で外に放り出されたり、佐野彪太伯父の院長をしている精神科の病院の病棟に連れて行かれ、我がままが昂じると狂気をきたすのだと、暴れ狂う女性をみせつけられた時の恐怖。何もほんの幼い子供にそのような恐怖に満ちた現実をみせつけなくてもよさそうなものなのに。私が四人のきょうだいの中で特別に我がままな性格であったわけではない。でも母は知っていたに違いない。女性というものは甘やかされるとつけ上がり、天井しらずに我がままになるということを。

「あなたさえ我慢すれば、鶴見の家は上手くゆきます。だから我慢しなさい」

後藤新平の自治三訣「人にお世話にならぬよう、人のお世話をするよう、そしてむくいを求めぬよう」を、機会あるごとに語って聞かされるのだった。明治女の母は、人が真人間として生きて行くことは、まことに一大事で、我慢のいることであると深く信じ、私に間違い

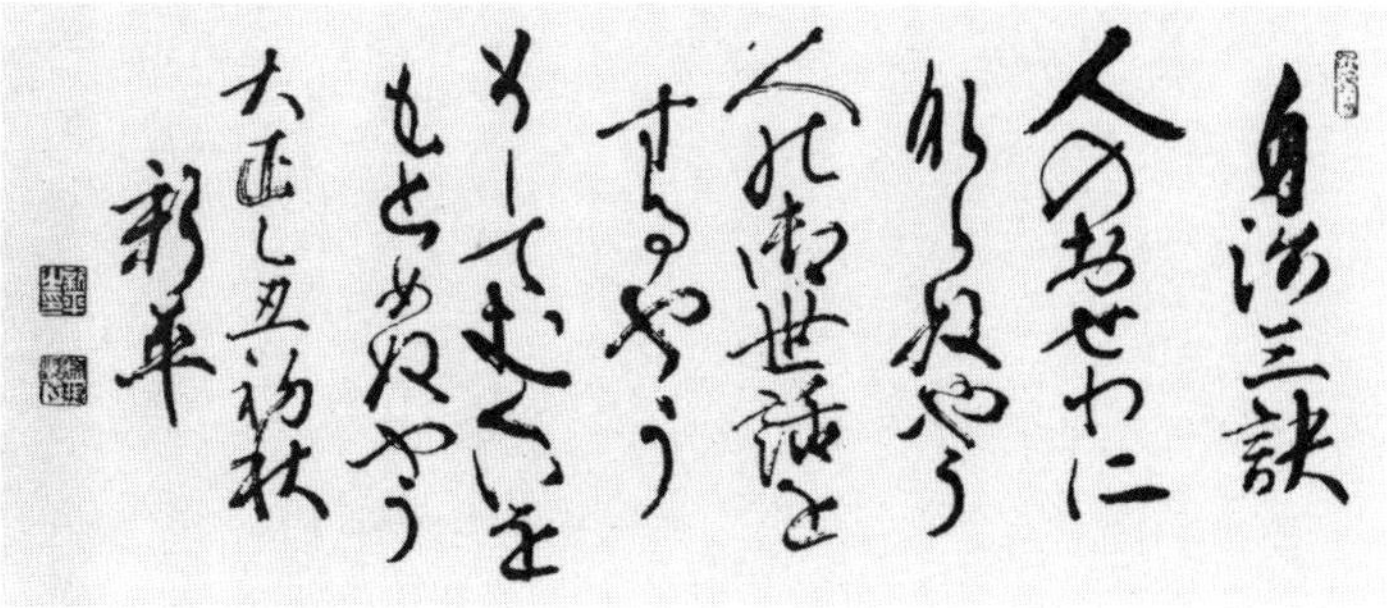

後藤新平直筆の「自治三訣」

を起こさせたくない、大変なことに出あっても、なんとか自分を取り戻してしっかりと生き続けてゆけるようにと念じ、声涙ともに下る激しい叱責を大真面目でしていたのだった。子供の方は、親がなぜつまらない一つ一つの間違いやいたずらまで、「そこがあなたの一番悪いところです」と怒るのかを理解できなかった。ましてや、私が間違いを起こすと父親の社会的名誉が傷つくと叱られても、幼い私にはわかるわけはなかった。

今日まで私は長男を死なせてしまった他は、大過なく生きて来られた。息子の死に出遭った時、夫の急死に遭った時など、どんなに心の振幅が大きくなっても、心の振子はきちんと戻るという体験を通して、私はやっと母の厳しい躾の意味がわかったように思う。「母親」とはそういうものなのであり、そうあるべきものなのであろう。そして初めて私は母への想いを書くことができた。

友人と母親について話をしている時、

ちよろずの人にちよろずの母あれど　我が母にまさる母あらめやも（よみ人しらず）

という歌を教えてくれた。私はこの歌の想いを我が想いとして、感謝をもって今後生きてゆけると思っている。母への想いをやっと綴ることができ、「我が母にまさる母あらめやも」と心から思えるようになるまでに、何十年もの月日を要したとは。

〈幕間〉愛する一人息子を失って

昨秋（昭和四十年）、私は長男を突然失いました。この子は、生まれてから七カ月目に喘息発作を起しました。それから、この子の喘息をなおして丈夫にすることが、私ども夫婦の生活の中で、一番大きな仕事になりました。絶え間なく起きる発作も、ここ半年は遠のき、毎朝元気に登校し、帰るやいなや、ランドセルを放り出して、日暮れまで、近くの親しい友達と野原を遊びまわるという元気にみちた生活を送れるようになりました。その矢先の全く思いもよらない突然の発作による死でございました。

洋の地上での生命は、十三年六カ月という誠に短いものでございました。そしてそれは、何百回となく襲った喘息発作の苦しみとの闘いの一生でありました。しかし、その苦しみに負けずに、よく耐え、明るくやさしい、ユーモラスな少年に育ってまいりました。洋は喘息との闘いの中で、生きるとはどういうことであるかについて、だんだん眼を開いていったように思われます。

小学校一年の折でしたか、激しい発作の後で、

「ママ、生きるということは苦しいことだね」

と申しました。それが六年たち、亡くなる二週間ほど前には
「ママ、生きるということは楽しいことだね。僕は、この頃、とっても幸せだよ」

と申すまでに成長致しました。体つきもがっしりと致し、少年らしく、はつらつとして、将来への夢を心の中に、大きく描いておりました。何度か生命の灯が消えるかと思いましたこの子が、こんなにも成長したことを、私は心から感謝し、この「僕、幸せだよ」という言葉に、いいようもない感激を覚えました。


本の大好きな洋は、死ぬ少し前のある日、夕食の支度に忙しい私を、台所まで追って来て、話し出しました。「本はね、一つの事件が起こった時に、それを色々の角度から考えることを教えてくれるんだよ、ママ。ママはね、僕が病気がちで可哀そうだと思っているんでしょ。だけどね、僕はベッドの中で、色々の本を読んで、読書の楽しみを健康な子供以上に持つことができるようになったんだよ。本の世界は、すばらしいんだ。その中に、自分が完全に入っちゃうんだ。僕は喘息持ちでなかったら、こんなすばらしい世界のあることを、きっと知らなかっただろうな。なぜって、だって、元気だったら

友達と遊ぶのに、とても忙しかったはずだからね」

男の子ですから、日頃は無口ですが、読んだ本の話となると、目は輝き、いつ果てるともなく話してきかせてくれたものでした。

物を深く考える洋の一面として、私に忘れることのできないことがあります。これも亡くなる少し前の或る日、学校から帰って、お八つを食べていた時のことでした。いつもにこにこ落ちついている洋が、珍しく興奮気味で顔を赤くして、せっつきながら話してくれました。

「ママ、今日僕は極東裁判について習ったんだよ。東条英機が連合国に裁かれるの。僕は、日本が世界の前で裁かれたことを知って、とっても恥ずかしかった。でもね、アメリカは日本に原子爆弾を落としたでしょ。それなのにどうして、国際裁判にかけられなかったの？」

五年生の時、一年間、米国で生活してから、世界の中の日本ということを、彼なりに考え始めるようになりました。それで、第二次世界大戦のことを社会科で習って、いろいろ疑問をもち、興奮して話しだしたのだと思います。この時の洋の姿は、今なお私の目の奥にやきついております。

心の清く澄んだ、そして、何かを追い求めてゆく心をもった洋は、私ども夫婦にとっては過ぎた子供でございました。洋がそこに坐っているだけで、私の心は和んでくるような、そんな不思議な魅力のある魂をもっていた子でありました。

昨年十一月二十日朝八時、洋は私の腕の中で、安らかに召されました。その瞬間、洋のなきがらを抱いた私の胸には、唯ただ、空しさが一杯でした。子供の死の前には、仕事も、芸術も、学問も、財産もすべてが空しいと感じました。空しい、空しいと心の中で叫びながら、私はふと思いつきました。命をはぐくみ育てる母親とは、なんとすばらしいものなのかと、洋は私に母親としての真の自覚と誇りとを贈物にして、静かに、静かに逝ったのでした。

私は息子の命の灯を守りぬけなかった罪深い母であります。母が子の命を守れなくて、誰が守ってくれましょう。私は子を育てることのできなかった母である自分自身を発見して、おそれおののきました。

「ああ苦しい。このまま気が狂って笑い出し、笑いが止まらなくなった方が、どんなに楽だろうか」と思った時、私の耳に、のこされた一人娘の足音が聞こえ、「ママ」という呼び声に我にかえり、もう一人の子供の母親であった自分を見出したのでした。その瞬間に、完全に自分自身を取り戻したのでした。この子を育てなくてはならない。最愛の兄、たった一人の兄を失った悲しみに打ちひしがれているこの子は、今一番私を必要としているのです。母としての資格がないからといって、この子の母を辞退することは、許されないのです。

子供の死は、いかに人生が厳しいものであるかを、われわれ両親に示し続けています。私には、涙にかき暮れる悲しみはなく、ただ苦しいのです。

しかし、子供との死別という苦しみは、私だけの特別の苦しみではないと思います。

じいっと耳をすますと、海鳴りのように子を失った母の呻きが、世界のあらゆるところから、聞こえてくるようです。こんな苦しみを味わう母が、一人でもこの地上に増えてはならないのです。世界中の母が、やさしいほほえみを浮かべ、何ものにも妨げられることなく我が子を育ててゆける平和な日々が一日も早く来ることを私は子を失った苦しみの中から、強く願ってやみません。

もうすぐ洋の十四歳の誕生日が来ようとしています。可愛い息子を育てる楽しみは、完全に失われました。兄妹げんかの声も、私どもの家から聞こえることもなくなりました。この素敵な幸福は、私から完全にもぎ取られてしまったのです。

今日残された人生を、どのように生きてゆくべきか、何に心を打ちこんだらよいのか、私は一日も早く悲しみから立ち直り、これからの人生を新しく生きてゆかなければなりません。

最後に紙上を拝借して、息子の急死に際し、早急に皆々様より温かいお励ましをいただきましたことに対し、心より感謝申し上げ、御礼をのべさせていただきます。

（平和のために手をつなぐ会『和音』一九六六年五月三十一日）

二　父に学ぶ

父・鶴見祐輔（1885.1.3 〜 1973.11.1）
人に見られているときの外向けのものではない、父親らしい表情

病床の十四年間

昭和三十四（一九五九）年十一月二十日、父が倒れる前日、私は長男洋と長女友子を連れて父の家を訪ねている。その時私は父がなにか調子が悪い様子であったとは感じていなかった。なごやかに夕食をともにして家路についた。

後日、ある会合で東京大学病院の沖中重雄先生にお目にかかった時、
「鶴見さんの脳梗塞は、言語が脳の中で作られて出る丁度その所、あと少しずれていれば話すことができたんですがね。言語は脳の中で作ることができるのに、それを会話として人に伝えることができなくなってしまったのです。もう一・五センチか二センチ、梗塞がずれていればね。まことに惜しいと思います」と話して下さった。

そして当時東京大学病院にいらしたリハビリテーションの専門医師、上田敏先生は、まだその頃は、今日のようにリハビリが進んでいなかったので、立つこと、歩くことの訓練がままならず、できなかったことを、大変残念であったと姉に話されたという。それで後に姉が倒れた折は、自ら無理をして、大川弥生先生とともに、急性期を過ぎると熱心に御指導下さったのだった。

人一倍活動的で、雄弁家であった父が、自分の力で動くことも、話すこともできずに十四年間をベッドの上での生活を強いられたことは、どんなに苦痛であっただろうか。それを明治人の辛抱強さと努力とで乗り切ったのだ。その十四年間は、子供たち、孫たちに、生きること、静かに終末を迎えることを示し続けて逝ったのだった。

インプットはできるのにアウトプットが不可能の十四年間。しかし、父は明るかった。時には頓知をきかせて、介護するものを笑わす。

「殿、殿、おひげすりましょ」

と言いながら、看護師の大塚さんが父の髭を剃って下さる。殿ですって。

父は自分の主張というか、言いたいことはこちらが言い当てるまで言わせて、途中で諦めたりしないのだった。

いつも最期までお見舞い下さった鈴木修次氏が、父が倒れてから十年目のある日、お見舞いにいらして下さって、「先生の宗教はなんですか」と訊いて下さったと姉が書いている。姉が、遺言状には、葬式は禅宗でと書いている旨をお伝えすると、父は「ちがう。ちがう」というふうに首をよこにふったという。姉が思いつくかぎりの宗教をあげ、最後に「クェーカーですか」と訊いたらはじめて父はうなずき、利く方の左手で大きく円を描き、ぴったりまん中を指したという。姉が『病気になって寝てから、いろいろ考えた末に、ここにたどりついた、という意味ですか』ときくと、『そうだ』というように大きくうなずいた」と記している(『友情の人　鶴見祐輔先生』北岡寿逸編、三五四頁)。

その後、多くの方々の御努力によって、昭和四十八(一九七三)年十一月六日(火)、午後一時、普連土学園講堂において、同学園教頭、稲垣真晴先生司会のもと、父の告別礼拝会は講堂から溢れる方々の参列によって行われた。松浦周太郎氏の御尽力により、開会中勲一等瑞宝章が伝達され、遺影前に供えられた。病中、昭和三十九(一九六四)年七十九歳の時勲二等旭日重光賞を授けられていたが、一番病の父は勲二等をいただけたことは、その時余り喜ばなかったことを私は思い出した。

クェーカーでの葬儀で父を送れたことは、姉の努力と、父が新渡戸稲造先生のお供をしてアメリカに渡り、国際人として通用するようにお導き下さったこと、そして父は心から尊敬申し上げて、クェーカーの新渡戸先生の周りの方々とのかかわりがあり、その方々の御努力によって、長い年月が経っているのに御協力いただいたことによるものと、今しみじみと感謝する。

父の追悼文集の中に「病床の鶴見さんを偲びて」という一文があるが、山の内多恵子氏は父の親友のお一人加納久朗氏の御息女であられる。母の葬儀が、昭和三十一（一九五六）年五月十三日、青山葬儀所で行われた時、司会をして下さった加納久朗氏が、式が終わる時、扉をあけて、

「鶴見愛子姉は天に凱旋されました」

と大きな声で叫び、シルクハットの帽子で遺体を送るように導かれたのを、今も私は忘れることができない。父のためを思ってそう大声で言って下さったのだと思う。父はいろいろあった人だったけれども、こうして考えくると、複雑な政界にありながら支えて下さる方々もいて下さった。特に十四年間口もきけず、動けなかったのに、自らの信仰を告白でき、神に受け容れられて、天に召されて行くことができた。そして、介護して下さった温かい心の方々、いつも病状を気を使って下さって、どんな時も診療して下さった先生方に見守っていただい

た一生であった。

話は前後するが、父は大変な相撲好きであった。双葉山の大ファンで、よく枡席で見に行っていた。病中も場所が始まると、新聞屋さんから大きな星取表を取りよせて、テレビを見ては、利く方の左手で星を書き入れては、大満足げだった。

歌舞伎も父は好きで、菊五郎の芝居を見に行く。戦後は、私がお弁当を作り、父の好みの和菓子「茶通《ちゃつう》」を経堂の亀屋で買って持っていったものだった。それで私は、菊五郎の紋を染めた浴衣を銀座の店で買って見舞いに持って行く。私が見舞いに行く時は必ずそれを寝巻に仕立ててもらったのを着て待っていてくれるのだった。私は父から教えられたことに、「お人から優しくされたことに対して、心からそれをアプリシエイトしなさい」というのがあった。病を得ても父はそういう生き方を貫き続けているのには驚かされた一面であった。

家族の中で私は只一人海外に出かけたことのない人であったが、昭和三十八（一九六三）年四月二十日、羽田空港から、夫内山尚三の海外研修のため、アメリカ、カリフォルニア、ロスアンゼルスに向う旅に子供二人を連れて発つ。私にとっては初めての海外生活であり、子供たちも、アメリカの公立小学校で学ぶという経験を持った。その時内山はカリフォルニア

初めて海外へ。夫、長男洋、長女友子と

大学ロスアンゼルス校に研究のために一年間留学した。そして帰国前には、プリンストン大学の大学院に留学していた姉を訪ねたり、ワシントンではホワイトハウスを見に行ったり、ニューヨークでは国際連合の建物の中で「日本人の子供たちは行儀がよいから」と会議室の中も特別見学を許されたのだった。私は初めての海外生活の話を父と話し合いたいと思ったのだが、父はただにこにことして聞いているだけだった。当時の日米関係や、国際連合についてどう考えているのかも、私は訊くことはできなかった。父と国際関係について話し合うことのできなかった唯一の子供となってしまったことは、海外に出ることがあまりに遅きに失したことによる。まことに惜しまれる。

母も長い闘病生活を過ごし、また乳癌の手術も経験し、その後胃と肝臓への転移で、その痛みは大変なものであった。明治人の父母の看取りを経験し、さらに姉の看取り、弟と兄の最期にあい、今私は唯一人ぼっちになっている。家族すべてを見送り、深く死生を学び、老いを迎えられていることを心から感謝している。

父母にゆかた選びし日の遠く　　　章子

父の旅立ち

昭和四十八（一九七三）年十月三十日に私が父を見舞った時、既に重態であった。呼吸は苦しく、痰も自分では出すことのできない状態で、咳込む度に頭が枕から十五センチも飛び上がる。まだそれだけの力もあり、目もかっと見開いて、

「どんなに苦しくたって、和子がカナダから帰ってくるまで、死んでたまるか」

というかのように頑張っていた。

往診にいらした武村ツヤ先生も、

「先生は何度も何度も死線を乗り越えて来られました。今度もきっと乗り越えて下さると思いますよ」

とおっしゃって帰られた。

しかし、十月三十一日の容態はよい方向に向かっていなかった。私は胸騒ぎを禁じえず、深夜先生の御自宅にお電話した。先生も、

「今度はどうもよい状態になられず、もしかすると四、五日うちに……」

と言われた。そして、

「肺水腫という病気は、最初は物凄い呼吸困難と発汗が来ます。意識は、この病気だけですと、最期まではっきりしています。三日間くらい強度の呼吸困難が続き、肉親は見ていられないほどの苦しみがくるのです。その時に、ご病人のためにどうぞ動揺しないでいただきたいのです。どうしてもお助かりにならないのですから。なんとか脳症を起こして下さればお意識が混濁して、お楽になることができますが、今後の経過で、どうなってゆくかはわかりません。いまのところ何の薬も使用しておりませんので、ご病人の状態は意識がはっきりしており、お父さま本来のお人柄そのままのお姿になっていらっしゃるのですよ」

と話して下さった。

十一月一日、練馬の父の家に私がついたのは午前十一時であった。父の意識ははっきりしていて、力に満ちて病苦と闘っていた。利く方の左手は、呼吸困難に耐えるために、私の手を力一杯握った。母の臨終の時に父がしていたように、私は亡き母に代わってその左手をしっ

病床の父

かり握り返した。その手はまことに力強く、一度握ってしまったら、私の力では引き離すことなどとても不可能なほどであった。やがて十二時を廻り、食事時間になった時、亡くなった母の言葉が耳元に聞こえて来た。

「人を看病する時には、心配で食事ものどに通らないと人はいいます。しかし、お腹がすいていては、充分の看病をすることはできません。病が重くなればなるほど、それは闘いと同じです。充分の力を尽くさなくてはよい看病をすることはできません。まずしっかりお腹をつくってから看病にかからなくてはいけないのです」

私は出された食事を、亡き母に励まされながら、砂をかむ思いでおさめた。

正一時、父の容態が変わったように感じられた。呼吸が浅くなり、今までと仕方が変わったように素人目にも見えた。

「どうも様子が変わったようね」

と私が言うと、大塚さんは大きな目をむいてコクリとうなずき、すぐ武村先生に電話した。

一時七分、先生が看護婦さんを連れて病室に入って来られた。父は突然、

「オー、オー、オー」

と大声をはり上げて、先生を見上げた。

「はい、はい、参りましたよ。先生、お苦しいでしょうね。でも、頑張って下さいね」

先生は温かく受け答えして下さった。ふっと病室に安堵の空気が流れたように感じられた。臨終の病人にとって医師にまさる助けはない。信頼で結ばれた医師と患者のやりとりがそこにあった。父が最後に上げた声――この「オー、オー、オー」は後から考えると、それは長い間親身になっていつも看取って下さって来た主治医への感謝とお礼の言葉であったのだった。

「先生、長い間どうもありがとうございました。いよいよ最期の時がきたようです。よろしく御願い申し上げます」

と申し上げたのであろう。

先生はにこやかに父の「オー、オー」の声にこたえながら、要領よく診察をなさり、何もおっしゃらなかった。父が大きく目を見開いてじっと先生を見つめているからであろう。

汗は盛んにふき出し、痰も出る。それは昨日よりひどく濃くなってゆき、そのために呼吸の苦しさは次第次第につのってくる。濃い痰は吸引器で取っても、中々吸引しにくいものである。吸引器の管を口に入れられるのを、父はいやがって、出そう出そうと舌で押し出す。だましだまし、痰を取る。また咳、また取る。そして、ひたいには汗。もう水分を飲むことはできなくなってしまい、呼吸が苦しくて、口を開け放しにしたままなので、時々、口をしめしてあげる。痰が出ると、大急ぎで吸引。酸素吸入は昨夜からずっと続けているが、鼻翼呼吸もしている。ふき出す汗、ひたいと背中、そして胸。胸に差し入れたタオルは、すぐにびっしょりと濡れてしまう。寝巻からシーツ、布団まで通る汗。

呼吸困難は益々強く激しく、汗もふき出る父は、目をむいて先生を見つめている。左手で握った私の手に力を入れて、ただたえながら。

「先生、頑張るんですよ」

何分おきかに、武村先生は励まして下さる。

その度に、父はコックンとうなずく。

大塚さんの大きな目から涙が流れる。

「ねえ先生、歌でも歌いましょうか」

と伊藤信子さんが、その場の気分をほぐそうとする。しかし、歌になるはずもない。先生は、脈、血圧、手足の状態、呼吸数など、全身の診察を繰り返し、繰り返しされる。

暫くして、先生は次の往診先に行かれようと席を立たれ、大塚さんに容態によって打つ注射を指示された。大塚さんは先生の御指示がもう耳に入らず、

「先生、私はもうどうしてよいかわかりません。どの注射をどう打つのか、全くわかりません。どうかお願いです。先生、ここにいらして下さい。お願い致します」

大塚さんは、ただ懸命に懇望するだけだった。

「そう」

先生は口数少く言われた。

信子さんが、静かにあついコーヒーをおすすめする。

先生は、じーっと父をみていらっしゃる。一呼吸、一呼吸、私は父の手を握って、もう無我夢中だった。

三時を過ぎる頃から、状態は刻一刻悪化してゆく。私はもう痰を吸引器で吸引するのさえ、不憫に思えて来た。

「先生、どうでしょうか。吸引をやめてはいけないでしょうか」

と言わずにいられないくらい、苦しげで、可哀そうに思えてきてしまった。

「そうね。いいでしょう」

と先生は答えて下さった。チアノーゼは足の方から、どんどん進んでくる。鼻が白く感じられ、冷たくなってきて、顔に紫斑が出て来る。やがて、痰も出なくなり、呼吸が浅くなってくる。

苦しみに耐えるため、声一つ上げず、ただ力一杯握りしめていた左の手の力が急になくなり、手の甲も冷たくなってゆく。次々と悪いサインばかりだ。血圧が下がり、呼吸は少なくなり、脈はもうとれないほどかすかに打っている。熱ばかりは三十八度三分というのに。

三時二十五分、手の力がふっとぬけて、全くなくなり、目が半眼になってしまった。ここまで来ると、素人目にも脳症を起こしている様子がわかる。半分意識はないようだ。

そこに、カナダの姉から国際電話が鳴る。

「私は間に合わなくてもいいから、無理に薬の力で寿命を長びかせたりしないで、自然のままにお送りして上げて下さい。武村先生にすべてをおまかせして。よろしくお伝え下さい。看護のスタッフを励ましてね」

と言う。

次に、アメリカの弟から国際電話が入る。

先生は、静かに心をこめて、そして力強く父を励まして下さる。父は先生の励ましにこたえて、最期まで生きることを諦めず、一呼吸、一呼吸投げやりにすることなく、耐えに耐えた。

肉親は、もう望みはないと医師に言われても、ひいき目にみて希望的観測をして、少しでも、望みのかけらでもないかと探す。あさましいというか、すさまじいというのだろうか。そういう肉親のあがきを充分に察しながら、死闘する病人を静かに励まし支え、なおかつ、医師として冷静に患者の病状を把握し、その時、その時に適確な診断を下し、必要な処置をしてゆくという「死のみとり」を、私は目のあたりに見た。「人間」に対する温かい深い思いやりと、医師としての熟達とが、渾然とひとつにならなくては果たせない大きい「お役目」である。私は武村先生の御態度から、まことの医師の威厳と自信とをみたように思う。死に行く患者と、看取る医師との呼吸がピタリとあい、お互いの信頼で、心安らかに、聖なる瞬間をむかえようとしているのである。

そして、父は安らかに息たえた。

先生は、はじめて、

「御立派な御臨終でございました」

と、静かにおっしゃって、頭を下げられた。

時刻は、きっちり午後四時であった。

おわりの時、人は意識朦朧となっても、聴覚は最後まで残り、まわりの人々の言う言葉や動きを敏感に捉えていると言う。本当に息絶えるまで、先生は励ましだけをおくられ、一言も病状について語られなかった。

「ビタカンの注射をどう致しましょうか」

と先生は言われた。

「絶命された方に、蘇生のために注射を打つのは、医師の義務なのです。しかし、先生は余りにも安らかに息をひきとられました。カンフルを打ち蘇生し、もう一度絶命する時は、それはそれは大きい苦しみであり、お顔もこんなに安らかには参りません」

「姉も、自然のまま送るように申しましたし、私も必要であるとは思いませんので、このままにしていただきとうございます」

とお答えした。

父の枕もとに、一本の打たれなかった注射が残された。

人工呼吸がなされ、酸素吸入のボンベは最大に開かれた。

しかし、父はそのままかえらぬ人となった。

「先生、長い間、本当にありがとうございました」

「御看病下さいました皆様、体も不自由で口もきけなかった父を、十四年間温かく看取り続けて下さいまして、本当にありがとうございました」

母に代わって、私は深く頭をさげ、心からの御礼を申し上げた。

まことに、父は安らかに、静かに逝った。人間としての威厳を保ちつつ、心満ちたりて旅立った。

父の臨終の床には、力強い励ましと、激しい闘いがあった。

闘いが終った時、そこには不思議に思えるほど、慰めと平安が満ちていた。

三　弟のこと

弟・鶴見直輔（1933.9.20 ～ 1996.2.15）

直輔の人生の片影

弟直輔は、昭和八（一九三三）年九月二十日に、低体重児として生まれた。十一月出生の予定であったので、父はカナダからの帰国の船上にあり、弟出生の三日後に帰ったという。母は一人で麻布笄町《こうがい》の家で出産した。いつも母のお産の手助けをして下さる母の姉、佐野静子伯母がいらして下さっていた。ちいさな真赤な顔をして弟は大きな布団に寝かされていた。その掛け布団の色と柄を今もはっきりと覚えている。

弟は小さいので、生まれるまでは秋山さんという看護婦さんがお世話して下さった。お産がすむと看護婦さんは西本きくさんに代わる。まことに大切に大切に育てられてゆく姿を、私は驚きをもって見ていた。当時私は五歳で幼稚園に通っていて昼間いなかった。

弟が四、五歳になった頃、後藤家の神奈川県富岡の別荘に行くのも、上野の動物園におにぎりを持って行くのも、遊園地に出掛けるのも西本さんと一緒だった。

姉と兄は幼稚園に通わなかったが、私と弟は幼稚園に通った。弟は品川の森村学園の幼稚園に入り、遠いので送り迎えが必要だった。喘息持ちで体が弱く、体格もしっかりしていなかった。六月になり少しずつ暑くなると、弟はぐずる。そうすると西本さんが、軽井沢の別荘に連れて行く始末だった。

私が九歳で、弟が四歳の秋のこと、私には麻地の白いワンピース、弟にもそれと同じ白の生地でシャツをつくってもらって、お揃いを着て母に栗拾いに連れていってもらったことがあった。

弟は、小学校は兄と同じ東京高等師範（筑波大学の前身）附属小学校を受験、籤引きにも当たって入学した。麻布から大塚の学校まで遠い上に電車の乗換えもあり一人で行けず、女中さんにランドセルを持ってもらって登校するのだった。体の弱い弟は本当に大切に育てられていった。その弟を母が叱って、軽井沢の別荘の中庭にある白樺の木に縛り付ける。弟は大泣きに泣くので、私が謝ったが、母は、

「直輔が謝まらなければ、赦しません」

と言う。兄が木に縛り付けられたときは姉が謝ると赦した、と姉から聞いていたので謝った

が、赦してはくれなかった。姉は祖父後藤新平にも父にも溺愛されていたので、姉の後には祖父と父がついていて、その威力で赦されていたのだと気がついた。

弟は泣き虫で、叱られると母の着物の袖を摑んで泣き叫ぶ。そうすると母は、

「私を殺す気？」

と大声を張り上げて振りほどく。私はそれを見て、幼い弟が可哀想に思えた。そんなことを言わなくてもよいのに、と。私が母に止めてと言っても母は止めないとわかっているので、ただ静かに眺めているしかなかった。弟を生んでからの母の体調はよくなかった。

私は女の子で、弟と兄は十一も年がはなれているので、弟は私とも兄とも遊ぶことはなく、むしろ、隣の後藤家の新一さん、健蔵さんの方が年齢は近い。軽井沢の別荘は庭続きのお隣なので遊んでいただいていた。神奈川県の富岡の別荘に行くと、新一さんが赤蛙をつかまえて、後足をとり、七輪に火を起こし、網に醬油をつけた赤蛙の足をのせて焼いて、みんなで食べたのを懐しく思い出す。

その頃、お正月の三カ日を終えると、母が弟と私を熱海の佐野家の別荘に連れていってくれたり、湯河原の「中西旅館」、伊豆修善寺とか、土肥温泉に旅行し、お寺で御朱印を集めたりした思い出もある。

後藤家の従兄弟とは、箱根の宮の下温泉の長岡旅館、伊豆長岡の旅館などに出かけ、猪鍋を食べたりしたこともあった。お正月休みの楽しい思い出である。

兄が弟のことを鶴見損得先生（二宮尊徳）と言っていたことがあった。お八つなどがテーブルに出されると、一番大きいの、量の多いのを直輔は取ると言っていたのを思い出す。上の三人の子は無欲なのに、末子の弟は大きい物、よい物を欲しがるのを、兄は不思議に思えたらしい。

昭和八年、弟の生まれた年には、家は麻布笄町にあったが、十一年にアメリカ帰りの設計家、鷲塚誠一氏の設計によって、鉄筋コンクリート建ての家が、麻布桜田町三十八番地に建てられ、引越しした。一階には大きな玄関と応接室、この時代には珍しく三階までつながったスティームの設備もあった。

内玄関を入り階段を上がって三階に行くと、一番手前に姉の部屋、その隣に私の部屋、次に兄の部屋だった。ベッドは二段で、私の部屋からは下段に、上段は兄の部屋から入って梯子で上がれるようになっていた。次の弟の部屋は、おもちゃで遊べる部分は床で、畳六畳は仏間をかねていて、弟は西本さんと寝ていた。その隣は日本間、その先に大きな父の書斎がある。書斎の壁の部分は天井まで本棚になっており、カーテンが掛かっていた。兄の部屋も

鷲塚誠一氏設計の麻布桜田町の家。鉄筋コンクリート3階建て。
(「鶴見祐輔邸の改築」、国際建築協会編・発行『現代住宅　1933-1940　第3輯』1941年所収)

父の書斎(3階)。右側の壁は、床から天井まで書棚だった。

応接室からみた食堂(2階)。

床から天井まで本棚だった。

満州事変、日中事変、さらに太平洋戦争へと時代は移ってゆく。当時、父は外国に行くことが多く、家にいれば原稿を書く生活であった。

昭和十二年の夏、父は姉と兄をともなってオーストラリアに旅行した。翌年の夏には、国民使節として渡米した。母と姉兄をともなっていた。私と弟は西本さんと横浜港に見送りに行き、大きな船の中まで乗り込んだが、ドラの音とともに下船を命じられ、西本さんと弟と私だけ降ろされて、とても淋しい思いをした。以来ドラの音が大嫌いになったのを覚えている。その夏休みには、定雄叔父、松子叔母と三人の従兄弟が軽井沢の別荘に留守番に来て下さって、賑やかに過ごしたが、その時ばかりは、弟を大切に守ってあげなければと思ったものだった。

先述のごとく、昭和十七年には、縁故疎開という形で農村部へ半強制的に分散移動させるという措置がとられる。田舎のない鶴見家は、昭和十九年に、母が弟を連れて軽井沢の別荘に転居することになり、弟は軽井沢町立小学校に転校することになる。弟は環境の激変に苦労したと思う。学校に裸足で通うのがつらくて、学校の近くまで、靴や下駄を履いていって、草むらに履物をかくして学校に行ったと話してくれた。それでもまだその時は親元にいられたが、次の段階として、学校ごとの学童疎開が命じられ、東京はじめ大都会には学童は一人残さず疎開させる措置がとられることになる。親元を離れ、厳しい疎開生活が始まる（昭和十九年六月、小学校五年生）。

昭和二十年二月、母は厳冬の軽井沢で脳出血で倒れる。学童疎開の子供の親たちは、厳しい食生活をしているであろう子供のために、食糧を心配して、いろいろ疎開先に届けられたと後で弟から聞いたが、まだ十六歳の私は、母の看病と、次々に東京の空襲で焼け出されて、軽井沢の家で共同生活をしている親族の世話で手一杯であった。弟は肩身の狭い思いをしていたと、後になって聞き、可哀想なことをした、と今にして思う。

終戦と同時に軽井沢に帰ってきた弟は、虱だらけで、やせ細り、目ばかりギョロギョロと大きい姿となっていた。

私は、八月十四日に入学手続をして、十五日初めて東京女子大学に登校する。講堂で終戦の詔勅を聞き、学校は即時休校となる。十月開校まで休みとなり、その日にまた軽井沢の家に帰った。当時、東京は焼野原であった。

麻布桜田町の家は、アメリカの進駐軍によって接収され、東京に帰る家はなくなった。弟と私は、父と姉が戦時中借りていた熱海の借家から、通学せざるを得なくなった。朝五時半に家を出て駅まで歩いて、熱海駅から東京へ、そして大塚に通学するのは、まだ小学生であった弟には大変なことであった。

それから昭和二十二年八月末に、父が世田谷区成城町に家を求めるまで、弟はいろいろのお宅に預けられたり、きょうだい四人で目黒の鷹番町の可児さんというお宅の二階を拝借して住んだりした。家事は私がするのだが、学校からの帰宅が弟よりおそいと、弟は電気コンロでお好み焼きのようなものをつくって食べて飢えをしのいでいたのだった。中学一年生にしては大変な生活であった。

成城町に移ってからも、母はなかなか戻っては来れなかった。

父は米内内閣の内務政務次官就任と、大政翼賛会への参加による公職追放を受けた時期に当たり、成城に書斎ができてからは、家で『成城だより』を執筆している日々であった。病気の妻と教育盛りの二人の子供をかかえて、どんなに苦しい日々であったろうか。しかし父は子供たちにその件については何も言わなかった。

当時、私は勉強部屋を与えられていたが、弟は北向きの四畳半の日本間だった。後には、物置の二階の六畳間を勉強部屋としていた。高校生となった弟は、朝しばしば寝坊をする。母屋の洗面所で洗顔をすませると、

「急行!!」

とか言って食堂を経ず、台所でお弁当をもらって登校してしまうことがしばしばであった。

昭和二十五年四月、まだ父の公職追放中であったが、私は結婚し、弟は父母のもとで一人息子となる。

昭和二十八年一月、母が再び脳出血で倒れ、私は看病のため、夫と息子を連れて成城の家に帰って来た。弟はまた母との生活ができなくなる。弟が慶應大学経済学部在学中、昭和三十一年五月十三日、母は亡くなり、その後は父と二人の生活となる。弟は自動車の免許をとり、四人の子供の中で、ただ一人父を自動車に乗せてドライブして上げられた。

弟の書いた父の追悼文によると、兄とは違って弟は父とよく話し合い、指導を受けている。殊に日本開発銀行から一年の留学をゆるされて、米国のコロンビア大学大学院に留学する時は、父が留学を大変喜び、励まし支援してくれたことの記録が残されている。一年経ち、退職を決意し留学を続ける。ところが、その年の十一月二十一日に父は脳軟化症で倒れ、東大病院に入院する。そこで、姉は弟の学費を工面することになる。三年で修士を取得し、一九六二年三菱商事に就職する。昭和三十九年櫻井濤子さんと結婚する。父は病床にあり、結婚式には出席することはできなかった。

三菱商事での忙しい日を、子宝に恵まれ、よい父親として、家族を大切にした暮らしを過ごしていたことは、直輔が亡くなった通夜の時、次男大輔がしみじみと話してくれた。年譜をみるとアメリカへの転勤もあり、米国各地、カナダへの家族旅行をしていることからもわかる。

アメリカのボストンに居た時に父の容態が重篤になって、私が姉と弟に電話した時、姉は帰国すると言ったが、弟は会社が帰国を許してくれるかどうかわからないという。「けれども僕はアメリカ転勤になる前にゆっくりお別れをして来たから、僕の帰りを待って無理にお父さまの延命措置をするようなことはしないで、大切にお送りして下さい」とはっきり電話口で話してくれた。勤め人というのは親の死に目にあうのは難しいということをこの時私は改めて思った。しかし、弟は葬式にはありがたいことに帰国できたのだった。そして、その翌年、当時カナダの大学にいた姉の所に家族で訪ねている。長い間父の面倒を姉がみてくれていたお礼をかねてであろう。

私は知らなかったが、弟は米国にいる間にハーヴァード大学大学院に修士論文を出しているのを、この度年譜を見て知った。そして、その頃から執筆活動も盛んにしている。父のようにゴルフに行ったりせず家で執筆をして運動をしなかったためか、はたまた仕事が余りにも忙しかったためか、南米五カ国の出張からの帰国と同時に、五十二歳の時、脳血栓で倒れ入院する。それから何回か再発を重ね入退院の生活となる。平成三（一九九一）年、長女の結婚式にも出席できなかった。平成五年六十歳のおりに、長野県の鹿教湯温泉病院に入院していた時もあった。その時、柳瀬睦男神父の御導きで、カトリックの洗礼を受ける。翌年退院。軽井沢の別荘に行くこともできたが、平成八年二月十五日、六十三歳で逝去した。

翌日自宅で通夜、二月十七日雪の降る日、目黒の聖アンセルモ教会で告別式が行われた。四月十六日に多磨霊園の鶴見家先祖代々の墓地に埋葬された。

直輔の一生を考える時、成長期の一番大切な時期に、親元を離れ、学童疎開を経験した。血管も骨格も充分な発育がとげられず、敗戦で自宅に帰って来ても、母親が病気で弟の世話を充分できない年月が続いた。弟は健康に育つべき時に充分に成長できなかったために、一番若い弟が一番早く父母のもとにいったことを、姉として力足らずであったと深く反省している。

10歳の私と、5歳の弟。桜田町の家の庭で。
2階の内玄関のそば（1938年）

四　夫を送る

夫・内山尚三（1920.7.5 ～ 2002.12.14）
軽井沢の別荘の庭で、信濃毎日新聞の取材の折

「お子さん方をお呼び下さい」

七十を過ぎ死の足音も迫る一方、子供たちにはなるべく迷惑をかけずに旅立ちたい、などと考えていた矢先に内山が発病した。

二〇〇〇年七月二十一日、軽井沢に行く途中の車の中で腹痛を訴えた。まさか。家庭医の先生は診察台の上に寝かされた夫のおなかをみて、

「これは腸閉塞ですね。まだ間に合うからすぐ病院に連絡します」と言われた。早速、病院に紹介していただき、検査、診断、応急処置をうけ、手術が必要とされ即入院した。

二年前から狭心症を患っているので、東京の主治医に連絡すると、心臓の治療をしてからでないと、開腹手術はできないから、東京に搬送するように指示された。新潟県人の内山は「病む時節には素直に病み、死ぬ時節には死ぬのがよく候」という良寛の教えどおりに「よ

い患者」で何も言うことはなかった。ところが私と来たら、頭の中が真っ白になってしまった。

心とは揺れ動くもの萩芒　　章子

萩や芒はどんなに激しく風が吹いて大揺れにゆれたとしても、風が止んだとたんに何事もなかったかのようにもとの姿になる。ところが、人の心はこんなにも動揺するのだ。我ながら愕然とした。後になって娘たちに、あの時の私はヘンだったと言われてしまった。

応急処置を終えて、カルテ、レントゲン写真と看護婦室への連絡票をいただいて、東京の病院に転院した。そして、心臓のカテーテル検査、バルーン療法も無事済んだその夜、夕食直後、嚥下性肺炎、さらに腸の手術のための薬の調整期間、そして腸閉塞の手術、幾度か生命の危険が迫り、その度に「お子さん方をお呼び下さい」と医師に言われた。インフォームドコンセントは、その度にきちんとなされた。それとともに、どんな手術も一〇〇パーセント安全なものはないとの説明を受けた。入院生活は二カ月にわたった。腸の手術の前夜、内山は「もう一山越えなければね」とぽつんと言った。

病気になった時、くよくよと思い煩うと治るものも治らなくなる。病いを素直に受け容れて、治ると信じてゆっくりかまえ、静かな二カ月が過ぎた。点滴がとれた翌日退院した。大病になった時、生命が無事保たれてゆくには、多くの医師の的確な診断と処置、看護をして下さる方々の処置と励ましが何よりも患者の不安を取り除く。特に肺炎を起こした夜、若い担当医は文字通り寝食を忘れて治療に当たって下さった。生命はまことに絶妙なバランスの上に営まれているのだということを思い知らされた。「存命の喜び」をしみじみと味わった夏であった。

白紙の遺言状

内山は結婚した夜、

「結婚は契約の一つだからね」

と言った。

「えっ、契約なの？　じゃあ契約破棄もあるわけ？」

と私は驚いて叫んだ。

「勿論！」

と内山はニヤリとした。今考えてみると、その夜、私はまんまと彼の術中にはまってしまったのだ。以来、私は全力疾走する内山の後を、契約を守るべく懸命に走り続けた。時には「非常事態宣言」が発令されたり「ショック療法」を受けたりした。そして五十年の金婚式を迎えた後に、五十三年に及ぶ結婚という契約は、告別式で彼が我々家族の守り神となり、満期完了を迎えた。二人の娘とその連れ合い、孫たちはもちろん、多くの教え子たち、友人という、とてつもなく大きな贈り物をそっと置いて、あっという間に旅立ってしまった。

父親としての内山は「法律からみた家族と親権」(『遺稿集』二〇頁)に書いているように、親には、幼い時から人間としての基本的な躾をきちんとして、子供を社会に送り出す義務があるという考えだった。「子供は何も知らないのですから、いい悪いをきちんと教えてあげなければなりません」と。

一方、母親の私にはない発想で子供たちを育ててくれた。日本各地への旅行はもとより、海外への旅にも連れていった。海外生活では現地校に入学させて、子供たち自らの力で、異文化に適応してゆけるよう応援してくれた。そして、どの子にも平等に父親として接し、大切に育ててくれた。

七十になる前に、法政大学から札幌大学に移り、北の大地で新しい法学部をつくる道を選び、使命感をもって懸命に努めた。やがて学長となり、研究者とは異なる道へ足を踏み入れる。五年間努め、健康問題を考え東京に戻り、建設調査会理事長としては死のその日まで現役だった。

七十代は、白内障の両眼手術、右脚骨折、胃潰瘍とともに腸閉塞を起こした。札幌大学のすぐ近くの西岡病院に胃潰瘍の治療のため入院した。担当の西澤寛俊先生は夫の学長という立場をよく考え、さらに家族、友人が皆東京在住ということと高齢であることも勘案してくださった。「札幌で手術するならば医師を紹介しますが、どういうことも起こり得ることを考え、東京で手術を受けられる場合はすべてのカルテ、X線写真を準備しておきますから」と言ってくださったことは、生涯忘れられない。全人間的なさまざまな条件を考え、丁寧なインフォームドコンセントに多忙な時間を割いてくださった。何しろまだ学長になったばかりで、告知するか否か迷った。

言ふべきか言はざるべきか遠花火　章子

学長就任が二月、三月に骨折、六月に胃潰瘍と腸閉塞、平成三年は傷と病気、手術の年だった。結局本人への告知をしないまま、一カ月入院して胃潰瘍の手当てをしてから東京に移り、玉川病院に入院、手術を受けた。大腸憩室、ポリープ、癌の三種類の病気に侵され三週間の入院を余儀なくされた。

腸閉塞と彼は思っていた一度目の手術の時、麻酔を打たれて、ストレッチャーにのせられて手術室に運ばれて行く時、「いかが？」と聞くと「平常心」と答えたのにはびっくりした。手術の時は医師を絶対に信頼し、その指示に忠実に従い、指示通りに行動する。しかし、手術を受けた夜、無意識に酸素吸入の管を抜いてしまった。当時玉川病院の副院長でいらした故武野良仁先生は、自力呼吸で十分酸素をとれているから大丈夫と言ってくださった。さらに、点滴の管がとれたとたん、担当医師がもう少し観察下に置いておきたいと思われても、「私は、本日退院させていただきます」と言って退院し、自宅療養に切りかえ、まだ尚早と言われても、飛行機に乗って札幌に帰ってしまった。学長としての責任を大切に考えていたのだ。

二〇〇〇年の二度目の腸閉塞の時は、二年前から狭心症を患っていたので、まず心臓の手術をしてからでなくては腸の手術ができない。大腸癌との診断は軽井沢病院に入院して分かったことである。

二度目でも、家族の心は揺れ動いた。彼は東京での手術を希望し、さっさと帰京を決めてしまう。何しろ、第一回目の時よりさらに高齢（八十歳）になっていたので、医師からはどういうことも起こり得ると言い渡されていた。それでも本人は至極落ち着いていた。良寛さまの「病む時節には素直に病み、死ぬ時節には死ぬがよろし」と考えていたのかどうかはわからないが、病人としては家族にとって看病しやすい態度だった。心臓手術を受けた夜、夕食の誤嚥による嚥下性肺炎を起こし、大変激しい悪寒と震えとともに高熱を発し、生命も危ぶまれた。担当医師の徹夜の看病で、それも急速に回復し、一週間後大腸癌の手術を受けた。その時も、点滴がとれると、早速「本日退院させていただきます」と帰宅、二カ月の入院生活で十五キロも体重は減り、靴をはいて道路を歩くには訓練がいる状態となっていた。

その後も、医師の指示通り通院は守った。診察室に行くと必ず、

「お陰さまで、僕は健康です」

と言う。規則正しい日課、好き嫌いなしの食事、一日三十分の散歩、睡眠は十分とり、生き生きと生き続けた。不思議に死ぬまで健康感を持ち続け生き抜いた。

必ずする三十分の散歩の時いつも言った。

「僕たち夫婦は年をとっても二人とも健康でしあわせですね」

遺言は白紙。私への白紙委任状だったのだろうか。

「この家で死にたい」

「僕が死んでもこの家に住み続けて欲しい」

「一八会（法政大学法学部の教え子の同門会）におまかせして、偲ぶ会だけはして欲しい」

この三つは折にふれて私に言っていた口頭での遺言である。そのため、通夜は公開せず、自宅で一週間を過ごした。そして、十二月二十二日、一八会による偲ぶ会をしていただいた。その折に追悼文集作成が決まり、三回忌をめざし、編集委員の方々は、それぞれお忙しい仕事を持ちながらも月一回編集会議を開き、各方面に追悼文を依頼してくださった。きっと彼は教師冥利につきると大変感謝していると思う。

そして、私は遺言通り、彼の大好きだったこの家に、内山が生きていた時と同じように住み続けたいと頑張っている。

幾度もの手術。「お子さん方をお呼びください」と医師にその都度言われた。それが治ると彼はいつも「健康である」と思っていた。なんとなく気分が悪いとか、どこかが痛いとかいう不服を一切言うことはなかった。

現役のまま、そして健康で元気のまま旅立って行ってしまった。亡くなった後で枕元に自著三冊、『七人委員会　四十六年の歩み』とともに、良寛さまの本三冊が残されてあった。

札幌大学学長時代

五　姉の旅立ち

姉・鶴見和子（1918.6.10 〜 2006.7.31）

女書生の歌

一九九五年十二月二十四日午後四時、姉鶴見和子は、突然自宅で倒れた。急を聞いて救急病院に駆けつけた私に、開口一番姉は、

「章子さん、私こんなになっちゃった」

と言った。それから姉の闘いは始まった。言葉は話せる。物も考えられる。目も見える。右手は動く。薄れそうになる意識の中で、姉は必死であった。今、死ぬわけにはいかない。その時だった。学問をするために別れをしたはずの和歌が、マグマの如くに噴きだしたのだ。歌は堰を切ったように溢れ出た。あの夜、点滴をされ、軽く拘束されて、ベッドに仰向けに寝かされたまんまの姉は、歌を命綱として、生と死の間を必死にくぐり抜けようと闘った。

半世紀死火山となりしを轟きて煙くゆらす歌の火の山

その夜の当直医の話では、

「救急車で運ばれてきた時、意識は半分うすれかけていました。脳出血です。今のところ止まっていますが、いつ再び出血が起こるか否かは予断を許しません。もし、大出血が起これば、直ちに開頭手術をしなければなりません。上手く止まってくれれば、徐々に回復してゆくでしょう。落ち着き次第、なるべく早くリハビリテーションを始める方がよいと思います」との診断であった。

その救急病院は、脳神経外科が専門で、交通事故その他重症患者の運ばれてくる病院であった。忙しく走り回る医師、看護師の足音、苦しみの余り上げる捻り声、病院の夜は騒然としている。

我もまた動物となりてたからかに唸りを発すこれのみが自由

姉も負けずに大きな唸り声を上げた。

湧き出る和歌と、唸り声を上げることによって、再び生命を取り戻すことができたのであった。

姉は、お正月にはいつも晴れ着を着る。この度は自分では着られない。私の次女に晴れ着を着せて連れてくるように、と言うまでに回復していった。

一月五日、聖母病院に、二月二十六日、都立大塚病院に転院、精密な検査を受け、言語能力、認識能力を司る脳の機能は正常に保たれているが、運動機能を司る神経の束がおかされて、左半身不随になっていることがはっきりわかった。

五月二十七日、リハビリテーションの重点的な訓練のため、神奈川県の七沢リハビリテーション病院に転院した。

理学療法士から、

「大腿四頭筋がほとんどない状態で、歩くことは諦めて、むしろ車椅子を上手に駆使して生活をしたほうがよいと思います」

という診断を示された。そして、上田敏先生の『目的指向的リハビリテーション』の著書を紹介された。

七沢病院は自然環境に恵まれている。姉は山脈の眺めを楽しみ、鳥の声を聞き、野の花を賞でた。眺めのよい所を「お立ち台」と称して立つ訓練を自分に課すこともした。

舞い上がる燕の姿勢想いみる立ち上がり訓練ままならず

左半身麻痺の身で、転院の都度、環境が変わり、ベッド、食事、リハビリテーションの指導方法も変わる中で、愚痴一つこぼさず、弱音を吐くこともなく、それぞれによく適応し、すべてを和歌の中に歌い込んでゆくという姿勢は、死の直前まで貫かれた。

姉は、歌人でもない私に、倒れた夜から、その日できた歌を書き留めるように命じた。当時、私は一日中姉に付き添っていたわけではないから、私の来るまで、姉は自分の頭のノートに書きつけて、記憶し続けておかなくてはならなかった。診察、検温、血圧測定、点滴、清拭、食事等々、入院患者のスケジュールに追われる中で生まれた歌を、一時も忘れてしまわないように、保たなければならない。姉は必死だったに相違ない。歌での起死回生を目指すという唯一残された道筋。もし和歌を若い時に修得していなかったら、姉は自分の意識を保つ術を失ってしまっていたかもしれないと思う。

そしてある日、姉は私に言った。

「あなた、歌集作ってよ。私はそれを杖とも柱とも頼んで、今後生きてゆくから」

私は驚嘆した。私は本をはじめから作るなどという途方もない仕事の経験はない。そのこ

とを姉は知っていて、この私に頼んだのだった。兄に相談すると、

「すべて君に任せる。口は出さない。金は出す。相談は受けるけどね」

と言った。

一首、一首、大きな字で半紙いっぱいに墨で書いて、てにをはなど間違いのないように、姉に確認してもらうという手間のかかる作業が始まった。

歌集の題は、はじめ『起死回生』としたが、『回生』となり、題字は佐佐木由幾様に、姉がお願いした。そして、和歌もみていただき、序もお書きいただくことができた。

和歌の配列、章立てはすべて姉がした。一首を折らないで読み下せるように、一行に収めてほしいという姉の考えにより、本の大きさが菊判と決まった。

『回生』は、発病の翌年一九九六年十月に、自費出版の運びとなった。本づくりに全くの素人の私を、岩波書店に勤めておられた友人石本礼子氏と、独歩書林の木越晃氏が、一から指導し吟味して、紙も百年もつものを選び、製本もまことに丁寧にしてくださった（後に藤原書店より公刊）。

この歌集をご覧下さった上田敏先生から、一九九七年元旦速達が届いた。そして「目的指向型積極的リハビリテーション」の方法による新しいリハビリテーションを受ける道が開け、

一月十五日から五月二十七日まで、茨城県守谷の会田記念病院に入院、大川弥生先生の御指導をいただく。歩けないとばかり思い込んでいた姉は、ウォーカーケインという杖と、新しい短下肢装具の助けによって、歩行ができるようになり、林檎をむく技も得て退院した。

回生の花道とせむ冬枯れし田んぼに立てる小さき病院

救急病院で地獄を味わい、和歌に導かれて窮地を脱し、転々と転院を重ねた。その間兄夫婦の懸命な支えにより、発病後二年にして仕事への復帰を果たすことができた。

一九九七年十二月五日、兄夫婦の尽力により、「伊豆高原ゆうゆうの里」から「京都ゆうゆうの里」に引き移る。旅立ちの日までの九年余りを、ただただ仕事に打ち込んでいった。

ここにして女書生の生涯を行き貫かむと隠れ棲むなり

兄は葬儀の折、「『京都ゆうゆうの里』は姉にとっての桃源郷でありました」とお礼を述べた。

今考えてみると、兄夫婦と私は、不思議なことに姉を病人だと思ったことはなかった。いえ、病人扱いしなかった。

二〇〇一年四月八日、ＮＨＫテレビの「こころの時代　回生の道を歩む」の中で、姉は次のように語っている。

「病人でも、〝健康な病人〟があると思うんですよ。それからね、死ぬのでもね、〝健康な死に方〟というのがあると思うんです。だからね、ほんとうに〝良く生ききった〟と思うように死にたい。そう思って、毎日その日の力を出し切って、歩いて、疲れきって寝るのよ。人間にとって死ぬことほど、はれがましいことはない。死という最高のハレに向かって生きたい。本当に良く生きたと思って死ねたら、それが最高のハレだと思ってる」

この日この刻よく生きなむと念ずなりいつとは知らずよく死なむため

（歌は、姉の歌集『回生』と『花道』から引用した。）

姉の最後の日々

父は姉を大変可愛がり、大切に育てた。国際的視野をもつ人間になるには、まず日本の伝統文化を身につけることが大切であると父は考え、姉に八歳で日本舞踊を、十六歳で佐佐木信綱門下に入門させ和歌を学ばせた。踊りは稽古、稽古、また稽古で、学校から帰るとすぐ着物に着替え、毎日踊っていた。この踊りと和歌が、その威力を最も発揮したのは、脳出血で倒れ、回生を果たしてゆく過程においてであった。

美しい自然に囲まれ歌を詠み、ゆうゆうの里の方々に支えられて、仕事に打ち込む日々が九年に及んだ。その間に、今までの仕事をまとめ、それぞれにあとがきを書き、著作集九巻、その後対談集、歌集、エッセイ等三十冊余りの著書を出版した。二〇〇六年に入ってからも五月まで、まことに忙しく仕事に没頭していた。

事の起こりは五月三十一日の背骨の圧迫骨折であった。六月に入るとすべてが億劫になり、字を書くことも、印刷物を読むことさえも面倒くさくなってしまったという。何か今までにない変調が体に起こっている、と姉は感じた。

私は姉の右手をゆっくり洗ってあげながら、「お姉さま、倒れられてから今日まで、ずい分我慢なさることが多くて、大変なご辛抱がいりましたね」というと、「そうよ。本当に我慢に我慢の生活だった。自分では何もすることができず、すべて人の手だからね」という素直な答えが返って来た。今までの姉だったら「自分の仕事のし過ぎで倒れたんだから、自分が悪いの。貴方になんか何もわかりはしないんだから、そんなこと言わないでよ」と突き放したに相違ない。今日は素直に我慢してきたことを認めた。何かヘンだと私は直感した。六月になると毎年腸の調子が悪い。今年も同じなのだろうか、一日十七回の下痢は異常ではなかろうかと、私は不安であった。

六月十九日に入院、二十五日にCTスキャンの結果、上行結腸癌が判明、すでにリンパ節に転移があり、それは大動脈近くに達し、手術は不可能、治る見込みはなく、QOL（生活の質）を大切にして見守ってゆくしかないとの診断であった。今まで車椅子で自由に活動し、仕事をしていた姉が、安静を保ち、ベッドに横になる生活を始めたため、心臓に水が溜り、心不全が進み、腹水もたまって来ているとの所見であった。

六月二十日、「死にゆく人が、どんな和歌を詠み、何を考え、何を思って死んでゆくのかを、貴方は客観的に記録しなさい」と姉は言った。それから四十五日、姉と私は毎日さまざまな話をして過ごした。今その記録を読むと、病気の状態は勿論のこと、その日その日に姉の言った言葉、和歌が姉の声となって私に語りかけてくる。癌とわかった第一期、闘病の中でかわしたさまざまな会話がこめられている第二期、そして終末期。七月二十四日、癌が崩れて大量出血が起こり、二十八日からは重篤となり、昼夜親族がつくことが必要となり、私の二人の娘たちも応援に来てくれた。兄夫婦、その長男、みんなで力を合わせて姉の最期を支えた。

人は生きて来たように死んでゆくという。ひたすらに女書生としての生を貫き通した姉の最後の四十五日、心不全の状態は一進一退を続けた。姉は最後まで部屋に帰り仕事をしたいとも思い続けた。死後歌稿を見ると、

一切の延命処置はおことわりと文書く窓辺花散る気配　（二〇〇五年四月十二日）

とあった。

入院後の六月二十六日には、

人間の最期の悲惨いかにして乗り越ゆるかと思いめぐらす

と詠んでいる。

七月二十七日、「先生長い間ありがとうございました。先生のご都合を伺って葬式をいたしますから、よろしく御願い致します」と、主治医に御礼を述べた。七月三十一日、外来の終わった午後十二時二十三分、駆けつけて下さった先生に看取られて旅立った。

看護師さん一人一人に、介護の職員の方々一人一人に、名前を呼んで「お世話になりました。ありがとうございました」と心からお礼を述べ、礼儀正しく旅立っていった。

姉は、後藤新平、鶴見祐輔ゆずりの「おしゃれ」であった。姉の筆で「旅立つ日の為に」と書かれたとうに、藍色の郡上紬が用意されてあった。真白な衿に、真紅の伊達衿を少しのぞかせてあった。

「綺麗に、綺麗にして旅立たせてね」と姉は何度も言った。

看護師さん方は、すぐに郡上紬の着物に着替えさせて下さり、綺麗にお化粧をして下さった。口を真一文字にきりりと結び、口紅をさして、睫は一本一本整えられて、まるで生きていた時のままのようであった。

京都ゆうゆうの里に作っていただいた姉のメモリアルコーナー

通夜、告別式は、姉の望み通り、ゆうゆうの里のしきたりに従って、里の集会室で質素に心をこめて行われた。御交誼いただいた入居者の方々、行き届いた介護をして下さった里の職員の方々、医師、看護スタッフが献花によるお別れをして下さった。告別式の日には、メモリアルコーナーを作り、五月三日里内で撮った近影六枚と、ゆうゆうの里に来てから出版された三十冊の本を、お手に取って見ていただいた。

兄は喪主として、

「復活後の第二の人生を、このゆうゆうの里でおくることになり、姉にとってゆうゆうの里はひとつの桃源郷でした」と御礼を述べた。

私は今、四十五日間姉を看取らせてもらい、その溢れんばかりの生命力を引き継いだ気がしている。

姉・鶴見和子の病床日誌（二〇〇六年五月三十一日―七月三十一日）

五月三十一日（水）

背骨の圧迫骨折をする。

ねたきりの予兆なるかなベッドよりおきあがることできずなりたり

六月五日（月）

政人《まつりごとびと》いざ事問わん老人《おいびと》われ生きぬく道のありやなしやと

六月十二日（月）

わが生命右手より出でさらさらと筆に流れて歌とはなれり
有難し右手が残りものを云う声の大切すこやかにして
おどろおどろしきもの人の心の底に我が心にもありし日を思う

六月十七日（土）　発病

米寿の祝いの日に発病。診療所で診察を受け、ウイルス性の下痢であろうということで点滴を受け、祝いの宴には出席かなわず。

六月十九日（月）　京都ゆうゆうの里内の診療所に入る

この世をばさかりゆく時何が見え何が聞ゆかその刻を待つ

六月二十日（火）

「死にゆく人がどんな和歌を詠み、何を考え、何を思って死んでゆくのかを、貴方は客観的に記録しなさい。」という。

六月二十一日（水）

新しき今日の一日を生かされむ窓より朝日差し入るを見る

朝、病室に行くと開口一番、「昨夜はもう死ぬかと思った。」という。六月になり、文字を書けなくなり、手紙・印刷物を読むのも面倒、すべて億劫になり、机の上にうず高く積まれてあった。

私に自分の来し方をしきりに話し、「人間の一生は本当に面白い。」という。夕方、歌人、河野裕子さんのお手紙を読んであげた。「鶴見和子さんは、私が会った人の中で、最も頭のいい人だと思いました。」と読むと、

「私、頭よくないの。仕事馬鹿、大馬鹿よ。アハハハハハハ。」

と大きな声を立てて笑う。

「そう仕事馬鹿。大馬鹿よ。忙しい、忙しいって仕事し過ぎてお医者にもいかない。血圧降下剤半年以上も飲まないで脳出血で倒れて、それでも懲りずに、また忙しい、忙しい、疲れた、疲れたっていいながら仕事して、背骨の圧迫骨折。大馬鹿なの私。」

〈医師の所見〉

「ウイルス性細菌の検査結果は0で、西洋薬はきかないので漢方薬を二十日から使い始め、下痢はおさまって来ている。腫瘍マーカーは昨年は五で正常、今回は一二八・五です。肺には影はないので肺癌ではない。腸に癌が広がっているのではないか。いま現在、精密な検査のできる状態ではない。今後、大出血、ひどい発熱や声が出なくなるなどの症状が出るかもしれない。血圧の急な低下による心不全も起こり得る。会わせたい方があれば一日も早い方がよい。声を遺すためにテープレコーダーの病室への持ち込みも許可する。できるなら親族にここにいてほしい状態で、気力で長引くか、急変が起こるか予断は許されない状態である。回復の見込みがない以上、延命治療と癌告知についての家族の意見を聞きたい。鶴見さんからは、回復の見込みのない場合は、延命治療はしてほしくないとの書状を三回いただいている。」といわれた。

一切の延命処置お断りと文書く窓辺花散る気配

（二〇〇五年四月十二日）

六月二十二日（木）

朝、空腹でお粥全部食べたという。今日は少し落ち着いて、一日短歌の日であった。それをまとめて『心の花』に歌稿を送る。二十二日は一時持ち直した。

きその夜死ぬかと思え目覚むれば朝の日は差すまだ生きてあり

朝な朝な生きていること確認し昼を生きつぐ

我が痛み我のみぞ知るどしゃ降りになりても晴間出でても曇りても我を去ることはなし

我は痛み痛みは我痛みあるから生きてると思えど痛みたえがたきかな

もののけになりゆく道の道すがらまだ生きているその方がまし

（「山姥ってもののけの一種なのよ」という。）

友子（内山章子の長女）が見舞いに来たのを喜ぶ。

六月二十三日（金）

「早く部屋に帰りたい。部屋に帰るには食べないとね。下痢は止まったけど、まだお腹は少し痛い。」

「下痢は止まったし、お食事も三度きちんと食べていますと先生に申し上げて。」

「早く部屋に帰って、頭のはっきりしているうちに仕事したいの。言い遺したいことをきちんと言い遺したいの。」

「ここでは駄目なの。」

明日、黒田杏子氏の見えることを伝える。


一本の手を欠き一本の手をもて歌かき文を書き林檎すりおろし一本の手は我が宝

六月二十四日(土)

黒田杏子氏が来られ、一日姉の話を聞いて下さる。

一方、六月二十五日の京都の同志社大学寒梅館ハーディーホールのシンポジウム「いのちを纏《まと》う」に欠席せざるを得なくなり、メッセージが欲しいと藤原書店の刈屋琢さんが、ゆうゆうの里まで来られた。姉は「メッセージの件、努力してみます。」とお答えした。

夕食をいただき元気回復、そのメッセージはできた。

『いのちを纏う』とは。

植物のいのち、染織した人のいのち、纏う人のいのちが交感する

植物繊維を使い、植物染料で染め手織りにしたものは、その植物のいのちとつくった人のいのちとがそれを纏う私のいのちと交流する。植物繊維、植物染料で手織りのものと交流しながら仕事をすると、考えがどんどん沸いてくる。化学繊維、化学染料ではこういうわけにはいかない。だから私は、仕事をするときには植物繊維、植物染料で手織りのきものを纏う。そうでないと、頭のなかは真っ白。いのちの交流が纏う者と纏うきものとの間にできるのが、その最もよいところである。自分が活性化するのである。このいのちの交流が、私の創造性の源なのである。

六月二十五日（日）

痛みとは我のみぞ知る我は痛み痛みは我片時も痛みは我を離れざるなり
天井に壁に光の微粒子飛び小さき白き花揺らぎをり

ねむたけれど眠れぬ夜の苦しさは痛みにたえてただうととと

症状が少し安定して来たので、ＣＴスキャンを撮りに国立南京都病院（京都府城陽市）に行く。久しぶりの外出を喜んで、車の窓から見える眺めを楽しんだのが最後の外出。

六月二十六日（月）

久々に濃緑さみどり薄みどり五月の森の風景を見る
人間の最期の悲惨いかにして乗り越ゆるかと思いめぐらす
何にかに摑まっていないとこのまんま飛んでゆくかと不安になりぬ

昨日のシンポジウムの様子をしきりに気にしている。『京都新聞』の大きな記事を読んであげる。

〈六月二十五日のＣＴスキャン結果について主治医の説明〉

胸水があり、腹水も少し溜まっている。上行結腸癌で、既にリンパ節に転移しており、腸の大動脈近くに及んでいる。手術は不可能。回復の見込みは全くなし。癌告知についての家族の考えを聞きたい、といわれた。

六月二十七日（火）

自分で自分の体を動かすことが出来なくなりぬすべておまかせ
思いっきり行儀悪くして一椀の粥を食べてしまえり

朝、病室に行くと、自分一人で朝食のお粥を全部食べたという。
黒田杏子氏が見えて、二回目の聞き取りをされ、兄（鶴見俊輔）にも会っていただいた。

六月二十八日（水）

主治医は、心不全がすすみ、心臓が弱っている、大腸にむくみがあるので下痢は止まっているが、明日からまた啓脾湯《けいひとう》（胃腸の働きをよくし消化を助け下痢を抑える）を使うといわれた。
姉は、「自分は、心臓病で死ぬと思っていた。癌ではありませんね。」と、先生に念をおしていた。

宇治の第二岡本総合病院の外来「おかもと総合クリニック」に行き、消化器内科部長の本井重博医師にセカンドオピニオンを聞きに行って欲しいといわれた。

兄夫妻と伺いに行く。

病名は、主治医の診断と同じであった。「ただ、上行結腸のこの部分は比較的内腔が広いため、右側結腸は腸閉塞になりにくいので、今食欲があるのであれば、低残渣《ざんさ》食（繊維成分を抑え，消化管に負担をかけない食事）に切りかえて、本人のＱＯＬ（Quality of Life）を何よりも大切に見守ってゆくのがよいのではないか」という助言をいただき、今後の看病の基本方針を決めることができた。

七月一日（土）
山茱萸《さんしゅゆ》の枝はそよげり朝は強く昼は静かに

病室の移動。心電図のモニターが付き、床ずれ予防のベッドがあり、ナースステーションの隣りの部屋となる。窓から森が眺められ、緑に囲まれ、水音も聞こえる。山姥の病室としては日本に二つとない環境である。窓のすぐ外は狐や狸の通るけもの道だと先生がいわれた。

草がよく倒されているのはそのためであったのだ。姉は窓から山茱萸を眺め、空に浮かぶ雲をよく見ていた。風通しもまことによい。

七月二日（日）

「心臓が苦しい」という。低残渣食開始。

七月三日（月）

病状は下降状態。肺水腫の恐れが出て来た。発熱は大腸癌から。血圧高く、不安定。ただ背骨の圧迫骨折が直り、少しベッドを起こして食事の介助ができるようになり、食べさせる方も本人も誤嚥《ごえん》の心配が少なくなる。

七月四日（火）

心音悪化。固定導尿管挿入。血尿が出るようになった。

七月五日（水）

「朝の光が見えて嬉しい。よくぞ生きている。」と呟く。

七月六日（木）

兄は「もう知的活動はできないだろう。生命維持で精一杯というところ。」という。

七月七日（金）

「まだ生きていた。」と呟く。

今日は七夕。昼食は七夕料理。鮎の塩焼き一尾、温泉卵一個。南瓜うらごし、お粥、西瓜。

二十分でどんどんいただいてしまった。

私が「よく召し上がりました。」といったら、

「貴方もよくできました。」ですって。

血尿続く。

七月八日（土）

ナースコール押せども鳴らずこの世ともつながり切れし思いこそすれ

余りナースコールを頻繁に押すので、ナースコールを取り上げられてしまった。
窓の前の草を刈って下さり、風通し、見晴らしともによくなり心地よい。風の訪れ、鳥の訪れもよく見える。子雀、しじみ蝶、蟻、鵯《ひよどり》、梅雨鳥等々。
このところ微熱と血尿続く。

七月九日（日）

早く死にたい早く死にたくない山茱萸《さんしゅゆ》の若葉は朝日の中をさ揺らぎてをり

と詠んで、「もうあんまりつらいから死にたい。」と呟く。

七月十日（月）

もう死にたい　まだ死なない　山茱萸の緑の青葉　朝の日に揺れているなり

「これは私のことなの。」

「今日はあんまり苦しかったから、今日は死に日かと思った。」

右の胸が痛いという。この日も血尿。

食事中に嘔吐。全体としてあまり食欲なし。盛んに咳をする。

「疲れた。ほんとに疲れたよ。」と呟く。

七月十二日（水）

ここで死ぬか部屋に帰って死ぬか主治医にさえもわからない人間の最期

七月十三日（木）

ここで死ぬか部屋に帰って死ぬか主治医にさえも私にさえもわからない
目覚むれば人の声するまだ生きてをり

「これが最後の歌になるか。」と呟く。

口から泡のようなものがひっきりなしに出てくるようになった日、肺水腫になったのか。胸水と腹水で苦しいのだと思う。吐き気もあるので、食事もあげられない。

七月十四日（金）

明け方血圧が上がり、心臓が苦しいといって、当直の先生に診ていただいた。胸水と腹水で苦しいのだ。点滴はまだ入っている。

「窓開けて。風を通して。」

と盛んにいう。

「先生、先程おいで下さいましたのに寝ておりまして失礼いたしました。今朝心臓が苦しかった時、当直の先生が、『これは心房細動で心室細動ではない。』といわれました。病院ではいつもそういわれます。」

と一人でしゃべっている。

先生がいらして、

「お汁粉もどうぞ。」

といわれると、

「お汁粉が欲しいの。『御倉屋《みくらや》の情《なさけ》の味は我がつまの情けの味に似たる味する。』とかなんとかいってとてもおいしいのよ。御倉屋、情けの味がするから、頼めばすぐ送ってくれる。」といっているかと思うと眠っている。

七月十五日（土）

「ひとりでお手洗いに行きたい。」

「坐りたい。キチッと坐りたい。起きたい。」

確かな部分、誇り高い部分と、こわれてゆく部分の錯綜する姿を見守るのは、看取りの悲しさ。飲むのかと思うと、こちらが用意していなくても、吐き出してしまったり、うがいしてしまって、布団は水びたし。人はこうして老いてゆくのか。落差の大きいだけ悲しい。

七月十六日（日）

昨日からかったるそうになり、無反応になって、ああせい、こうせいといっていたころが懐かしい。

ただ体位をかえて、左側を下にしても今までのように痛がらず、すやすや眠る。

自分のこと以外の関心はなくなり、手紙を読んでくれともいわなくなる。痰が多くなり、やたらうがいをする。

七月十八日（火）

うがいとともに茶色いものを嘔吐する。一時間してやっと嘔吐の発作おさまる。このところ便なく、摘便《てきべん》していただく。先生は「こういうことは今後度々起こるでしょう。」といわれる。お腹がパンパンに張っていたのがおさまる。

七月十九日（水）

先生が、「ナトリウム不足で利尿剤がきかないので、塩分をとって下さい。お味噌汁などいかがですか。」といわれると、
「私はお味噌汁は嫌いです。」とそっけないお答えをする。やれやれ。

七月二十日（木）

〈主治医の所見〉

「今、脈がずっと百以上で、血液のデータもいくら治療しても改善が見られない。この状態がずっと続くとは考えにくい。いつ心不全を起こしてもおかしくない状態で、急死もありうる。」

七月二十二日（土）

手、足、そこら中針をさしても、点滴の針が入らなくなってしまった。動脈硬化がすすみ、末梢血管が硬くて点滴の針がささらないのだと先生はいわれる。

「とろみ食」に変わる。全然食べず、うがいばかりする。血圧が下がる。酸素も四リットルに上げる。顔面蒼白、右手が震える。誤嚥が恐いので、口の中を消毒ガーゼでぬぐう程度にする。お茶も水も飲むことが不可能になる。当直医に禁食・禁飲を言い渡された。

「水を下さい。水、水を飲まないと声が出ない。水を下さい。普通の水。」

私はこの声を一生覚えていると思う。

七月二十四日（月）

口を消毒ガーゼでぬぐう。うがいしたいという。水をお匙であげると、

「水はお匙で飲むものではない。吸呑《すいのみ》で飲む。」という。

「もっと水、水を沢山飲む。りんごジュース茶碗で飲む!!」という。

顔面蒼白、口は開けたまま。目はしっかり開くことができ、意識はきちんとある。

〈主治医の所見〉

「今まで車椅子で動き廻っていたのに、寝たきりになって、体全体の機能低下があり、殊に嚥下機能が低下している。点滴が末梢血管から入らなくなっているので、高カロリー輸液に切りかえ、栄養バランスをとってゆくしかないが、それには家族の同意がほしい。今まで何方か経験おありですか。」ときかれたが、誰も思い浮かばなかった。「血管が非常に固くなっているので、右脚の付け根から入れるが、入れられる保証はない。そうなると、頸静脈であるが、頸静脈からでは、今までの点滴しか入らない。高カロリー輸液の場合は栄養バランスがとれ、利尿剤を使えるので、胸水を減らすことができる。今日の三時半か、四時頃、その手術をします。」といわれた。しかし、両方とも入らなかった。今までの方法しかないことになった。

「明日レントゲンを撮れば胸水の状態もわかる。心臓の心房細動はしばしば起こっている。それがいつ心室細動になるかわからない。心不全をいつ起こしてもおかしくない状態で、生命の保証はできない。何日まで大丈夫とはいえない。食事は好きな時に、好きなものを好きなだけあげて下さい。ただ、口の衛生管理だけは気をつけていただきたい。」とのことであった。

そよそよと宇治高原の梅雨晴れの風に吹かれて最後の日々を妹と過ごす

(「私にしては静か過ぎるかな」と呟く。)

夕食後、気になって七時半過ぎにもう一度病室に行ってみた。

〈遺言〉

「もう終わりだと思うの。先生も終わりだとお思いになったと思う。京都にいてくれて本当にありがとう。今まで恐いお姉さんで御免なさいね。お世話になりました。ありがとうございました。私の旅立ちの着物は簞笥に入れてあります。お別れの写真も用意してあります。綺麗にして、綺麗にして旅立たせてね。」

「黒い紋付きもあるから、貴方に。」

夜、十時半、呼び出された。

「私はすべて私の気に入るようにしたいの。着るものすべて新しく着換えて寝支度したいの。」という。自室で毎晩寝る前に介助の方に手伝っていただいていた時のようにしたいという。

「ここは病院だから、明日着換えさせていただきましょうね。」となだめ、掌《てのひら》治療をして落ち着かせた。

七月二十五日（火）

朝、病室に行くと、

「昨日の遺言はお笑いね。」と開口一番いう。

「私の計画通りに死ねなかったワ。」と呟く。

食事は好きなものを好きな時に、ほんの少しずつ上げて、ゲフゲフしないうちに止めるのがどうやらコツのようだ。


〈先生の所見〉

点滴の針は血管に入らなくなった。お腹に手を当ててほしいというので掌治療をする。

「レントゲンの写真でみると、一番悪い時より水は減ってきているので、お楽だと思う。お腹にはガスが溜まっているので後程抜きます。にごりはよい食品だと思います。胡麻豆腐もどうぞ。」

午後、道子（内山章子の次女）が来たので、私は一緒にゲストルームに帰り、一休みして三十分後に病室に戻った。

午後四時、「大量下血があった」と先生がいわれた。「大腸癌が破れたのだとしたら、止血は難しい。今夜あたり……。」

義姉に連絡し、入院中の兄に伝えてもらう。道子から友子へ連絡した。

看護師さんは、なんとか点滴を入れる所はないかと懸命に探して下さるが、どこも入らない。

「死ぬ方がいい。もう止めて。もう限界に来ました。止めて下さい。馬鹿馬鹿しい。もう終わりです。」と叫ぶ。

先生は、

「今どういう出血状態なのかわからないので、鎖骨下ＩＶＨカテーテル、静脈内高カロリー輸液点滴の処置をします。」といわれた。その手術中に兄夫妻到着。六時半。

久保先生が生活サービスの課長杉山氏に連絡して下さり、今後の事務打合せをする。

姉は、

「長い間、御世話さまになりました。ありがとうございました。これからも御指導のほど、よろしくお願い致します。」と申し上げた。

午後七時、兄に、

「死ぬというのは面白い体験ね。こんなの初めてだワ。こんな経験するとは思わなかった。人生って面白いことが一杯あるのね。こんなに長く生きてもまだ知らないことがあるなんて面白い!! 驚いた!!」というと、兄は、

「人生は驚きだ!!」と答え、姉は、

「驚いた!! 面白い!!」といって、二人でゲラゲラ笑う。

人が生きるか死ぬかという時に、こんなに明るく笑っていることができるものだろうか。

カテーテル挿入の処置について姉は、また、

「首の骨へし折られるかと思った!!」とも。

七月二十六日（水）

昨日あんなに「名言」を語ったのに、今日は打って変わって元気はなく、かったるそうで、口をきくのもしんどそうである。

すっかり重篤な病人のようになり、肩で息をし、尿の色は濃く、量は少ない。

先生から「水分をとると、お腹の癌を刺激するのであげないように。」との指示。

一日中、「頭あげて」「窓あけて」「頭の向きをかえて」「体位をかえて」と要求し続ける。

姉が自室にいた時介護して下さっていた、山下係長、大江さんがお別れに来て下さる。姉は一人一人の名前を呼び、大きく目を開いて丁寧にお礼を申し上げお別れをした。車で病院にCTスキャンを撮りに連れていって下さった松永さんも来て下さる。診療所の夜勤を含めて十五人の看護師さん一人一人にも名前を呼びお礼をのべた。

友子がそばにつくようになり、姉が、

「一番大事なのは……」というので耳をそば立てたら、

「ナースコールです。」といって手を広げ、握らせてほしいという。

兄は、「そうだよナ。一番頼りになるのは看護師さんだよナ。」という。

七月二十七日（木）

朝、友子に、

「昨日はついていてくれてありがとう。」という。

友子の目をしっかり見て、

「私は半分死にました。死ぬのには水が必要なの。水が足りない。」

「ルルドの水をお腹にかけてほしいの。」という。

「死んだらラクになる。」と呟く。

この日は、気をつけながら、お茶、りんごジュース、手作りスープなど、ほんの少しずつあげた。

〈先生の所見〉

「下血は続いており、ここまで来たら長くはないでしょう。輸血などせず、余分な医療をせずにお送りしたいと思っております。」といわれた。


「お葬式いつ？　今日ではないの。」

「浄土の風が吹いている。」

「外へ行きたいの。」

「ヨーグルト食べたい。」

昨日から初めて「食べたい。」といった。欲しいというし、回復不能ならばと思い、小匙に少々、二、三杯あげる。

山梨から届いた樹で完熟した桃をお匙でつぶしてあげると、半個ほど、おいしそうに飲む。

夕食はうなぎのとろみ食。ほしいというので、ほんの少しあげると、

「このおうなお味薄いのね。」

ですって、味覚健在。

夕方、先生が見えると、

「先生、長い間ありがとうございました。私は一度死にました。今どこも痛くありません。先生のご都合を伺って葬式を致しますからよろしくお願い致します。」

「私の骨は私が神島の海に散骨致します。」

先生は無言で帰られた。

七月二十八日（金）

〈主治医診察〉

「自発呼吸はまだある。口をガーゼでしめす程度ならよろしい。」と指示され、診察して、マグネローデの位置をかえて下さったら、心電図のモニターが0から回復した。

兄に、「ありがとう」という。

「首の骨が痛い。」「酸素が足りない。」「苦しい。」「頭あげて。」を繰り返す。

〈先生の指示〉

「腹痛はお腹に溜まったガスが原因なので、体位を換えたり、お腹をさすったりなどして、ガスが出易いようにするよう。」

「いゝゝい、いたーい」と時々、大声を上げたりする。お腹に温めたタオルを載せていただく。酸素濃度を測るために装着された指先のクリップを取ってほしいとしきりにいう。

午後五時四十分、付き添い用の仮眠ベッドが搬入され、今夜から友子が付いていてくれることとなる。

先生は、「今夜当たり友子……。四時間したら坐薬を入れるよう指示しておきます。」といわれ、帰られた。

息苦しそう。

「月に電話して信号を送ってもらって。そうすれば生きられる。」

「あー、いゝ、いやだー」と叫ぶ。

（素晴らしい言い方に思わずほほ笑んでしまう。——友子記）

どんなに騒いでも不思議と悲壮感はない。むしろ重篤でありながら、かくもパワフルでいられることに驚嘆する。

「いつお葬式に行くの？　明日？」ときく。

時々酸素マスクをはずして「イターイッ」とわめく。

「三人!!」「決断の末」「アーッ」「今晩は大変だ。どうしよう。」「脚が痛い。」「すみませんけどね、死にそうですよ。」「貞子さーん。」「ああ、どうしたらいいか、わかんない。」「二人とも死んじゃう。」「ここ開けてよ。」「ここあけといて。」「痛いんだよ。そこいつもあけといて。」「そこあけて。」「今日はもう駄目だ。」「そこあけて」「私もう生きることできない。」「そこあけて。」「すごいこと起きる。」「そこ開けて。」「章子さーん、取って下さい。」と大騒ぎ。

七月二十九日（土）

「いたーいッ」

「あー、いたーいっ」

脚をさするのが一番有効のようだ。足温器を入れ足を温め、頭は氷枕でひやし、口が乾くようなので、ぬらしたガーゼでぬぐったり、霧吹きで一寸一吹き霧をかけてしめしてあげたり。

黒田杏子氏、見舞って下さる。

午後二時半、点滴、高カロリー輸液にかわる。

夜十一時を廻ると、

「いたーい」「いたーい」「どうにかして下さい。」「なんとかして下さい。」

大変な苦しみようである。ナースステーションに行くと、坐薬が効いてくるのに三十分はかかるという。

「ばーん、ばーんと響くの。消してしまいたい。一寸止めて、止めて、やめてください。」

大声で病気を叱りつけているように聞こえる。

当直医が見え、「血圧との関係で、昨日の半量使ったが、血圧を測って大丈夫そうならもう半量使います。必要であれば、昨日と同じ睡眠導入剤も使うが、呼吸が浅くなっているので慎重に使う必要がある。」といわれた。

「もう止めます。寝ます。すみません。」

七月二十七日から痛みに対しての姉の闘いが始まった。私の娘はそれを看取りながら、

「真っ直ぐに生きたように、真っ直ぐに痛みと闘っているとの印象を受けた。」（二十九日）

その明け方、姉は、

「まだ死んでないみたいね。」という。

友子はこう記している。

「痛みと闘う伯母の伴走は初めての体験で伯母に悲壮感がなく、あまりに毅然としていて、ユーモラスなので、奇妙なことに爽快感すら残る。真夜中の腕相撲は楽しかったなどと感じられてしまうのは摩訶不思議だ。

病に倒れても決してくじけることなく、前向きに前向きに生きて来た姿勢が、どんな状況になっても貫かれていることに驚嘆する。

自分の死、葬儀をはっきり意識しながらも、痛みや病に負けるどころか、ひるみもしない。

大きな声で文句をいい、叱りつける。騒ぎの後は、ともにいた人間の目を見て、『ありがとう、お疲れさま』といい、『疲れすぎて眠れない。』といって演説をぶち、英語をしゃべる。今日か明日かとハラハラしている者たちを腰を抜かさんばかりに驚かせ、時には笑わせもする。あくまでユーモラスで決してくじけない。これが伯母が病いを得て身につけた強さなのだと思う。この強さで、たとえ肉体に終わりは来たとしても、彼女は死を乗り越えて、自然に帰っていくのだろうと思った。病気には悲壮感はみじんもない。伯母の中では『生と死』が両立しているようにすら感じられる。」

二人の娘たちは、姉の死の看取りをさせてもらったことをきっと大切にして、生きていってくれるのではなかろうか。姉の死の看取りは、私たち家族への大きい贈り物である。

七月三十一日（月）

下血後の二十八、二十九、三十日、三日に及ぶ痛みとの闘いによく耐えて、三十一日の朝を迎えた。もう静かにターミナルマッサージをしてあげるしかない。パンパンに張った右大腿部を一生懸命、掌治療をしてゆくと軟らかくなる。お腹が痛いといえば、お腹に手を当てる。足先のチアノーゼも消える。

八時五十分、「あーやーこーさーん」といっているらしい。姉の手を握って、「章子いますよ。」というと、「あーあー、ありがとう。」「貞子さーん、ありがとう。」まわりにいる一人一人にありがとうといった。私の手を握り、「Thank you very much!」という。

「しあわせでした。しあわせでした。しあわせでした。ありがとう。」

「いやなこと終わりました。」

そして午後十二時二十三分、息をひきとった。

七月三十一日の記録は息をひきとるまでを細かく書いてある。

看護師さん方は、すぐに「旅立ちの衣」に着かえさせて下さり、姉の望み通り綺麗にお化粧して下さった。

八月一日、棺に納まった姉は、ゆうゆうの里の居住者の方々、職員の方々と献花によるお別れをして旅立っていった。

ありがとうございました。

私家版『鶴見和子病床日誌』
表紙の鳥は、姉が交換船で帰国時に、ロレンソ・マルケスで買ってくれたおみやげ（学業を断念した失望のときにもかかわらず）

神島の海に灰を流さむ——姉の散骨

姉、鶴見和子は、死を大自然への回帰と考えていた。

大いなる生命体とう自然より　生れてそこへ還りゆく幸

二〇〇四年元旦

「自然とはもっとも大きな生命体です。私たちは微小な生命体で、微小宇宙なんですね。そうして死ぬということは、またそこへ還っていくということで、なんにも悲しいことじゃない。めでたいことです。」

これは、二〇〇四年十月十一日の最後の講演の一部である。そしてさらに、

熊楠が生命をかけて守りたる神島《かしま》の海に灰を流さむ

と続く。

死の四日前、主治医に御礼を述べた後、姉は「私の骨は、私が神島の海に撒きますから」と申し上げた。これが、神島の海への散骨の明白な希望表明の姉の最後の生の声であった。兄と私は遺された者として、姉の死と葬についての自己決定権を尊重し、「葬送の自由をすすめる会」のお世話によって、二〇〇六年十月二十三日、望み通り和歌山の海に散骨した。その日は雨であった。色とりどりの花びらとともに、水に溶ける和紙に包まれた姉の遺灰を海に沈めた。舟はその周りを回りながら、三回鐘を鳴らし、会の方が証書を読んで下さり、散骨の儀式は無事終った。『鶴見和子曼荼羅』Ⅶ華の巻の「葬」という項に、姉は「心にかなった葬の工夫」と「死の作法」について書いている。

「アニミズムの立場から、自分自身の死の作法について考えはじめたのは、一九六七年にはじめてインドにいった時である。人間の死体は太陽のさんさんと照る下で焼かれ、煙は天にのぼり、灰は大河の水に流される。人間が自然とともにくらし、死んで自然に還るとは、こういうことなのだとはじめて納得した。このガンジス河の儀式は、わたしのはじめての宗教体験であった」「ガンジス河の場合は（中略）アニミズムの信仰が貫き流れていることを、わたしは発見し、感動した」とし、次の頁には「この世に生をうけて、わたしという個体の生命をわたしなりに形成し、鍛錬した。その枠がはずれて、ちりひじとなって、形なきものに還ってゆくのが死である。それは、形あるものから形なきものへの飛翔である」として「せめて灰と骨は海に撒いてほしい」「わたし自身は、水に還りたいと思う。水は地球上のあらゆる海を、そして、天と地との間を循環しているからである」と記し、最後に、「自由に生きたものは、死の作法も自由でありたい」と結んでいる。

自分の半身が不随になってから、人間も自然の一部であるから、自然の微妙な変化もすぐ影響することを、改めて強く感じ、自然と人間の関係への理解は深められた。『回生』『花道』そして『山姥』には、姉が半身不随になってからの生と死について多くの和歌が詠まれている。

この日この刻よく生きなむと念ずなりいつとは知らずよく死なむため

この世に与えられた生を精一杯生きられたことを心から感謝し、不自由な姉を助け支えて下さったお一人お一人にお礼をのべて、望み通り大自然へ還っていった。私どもも遺されたものは、ひたぶるに自由に生きた姉を、望み通り和歌山の海に還してあげられたことを心から有り難く思っている。

六　兄への挽歌

兄・鶴見俊輔（1922.6.25 ～ 2015.7.20）

兄との遊び

後藤新平邸の南荘《なんそう》にいた頃は、私は専らひとり遊びであった。南荘から麻布笄町《こうがい》一五七番地の一軒家に移り、家族の中で暮らせるようになると、兄とも遊べるようになる。私は青山南町幼稚園に通うようにもなった。

きょうだいの中で遊んでくれるのは兄だけで、姉とは十歳もはなれているので、遊んでもらったことはない。

先に記した相撲の他に、もう一つの兄との遊びは、雪釣りである。なんの意味があるのかわからない。雪が降ると雪釣りをする。二階にのぼる階段途中の踊り場の所に窓があって、階下の屋根に雪が積もるのが見えるのだ。踊り場に二人並んで坐り、当時火鉢に使う炭入れから炭を持って来て、それに紐をつけて、窓から投げて、炭に雪をのせて来て雪を取る。その雪をどうするわけでもないのに、二人で並んで雪釣りをするのだった。

笄町の家は和風の主屋と洋風の建物とがあった。その頃父はアメリカ、ヨーロッパや南方の国々など方々に出掛けていたので、外国からの手紙が来て、その切手を国別に集めるのが兄の楽しみであった。まだ英字は読めないので、父の秘書の方に分類を手伝っていただいて集めて、私に自慢げに見せびらかすのだ。

私が小学校に入る頃、兄は中学生になり、二人で玄関で靴磨きをして、それぞれの靴を内玄関に並べたりしていたのも懐かしい。それは笄町から、後藤家の裏の麻布区桜田町三十八番地の家に移ってからだった。

暮に植木屋さんが来るといつも竹馬を作ってくれる。兄のものは、乗るにも高い所に持って行かないと乗ることはできないほどの高いもので、それに得意気に乗って、

「お前はまだそんな低い竹馬しか乗れないのか」

と声をかける。

軽井沢の別荘の庭のブランコに乗っても、兄のように上手くこげないで、
ブランコ
高くあがったブーランコ

兄さまにこりとお笑いだ
私のブランコ上がらない
私はかなしい　アンアンアン

などという歌をつくったりしていた。

軽井沢での兄の楽しみは乗馬と川魚を網で捕ってくることであった。

大きな網とバケツを持って、川に入ってもいいズボンをはいて自転車に乗り、塩沢の川に川魚をすくいに行くのだった。私と二人でとか、従兄弟たちを連れて自転車を連ねて川に行く。よさそうな所を見つけると、川岸に網を仕かけ、川上の方から棒でざぶざぶ川岸をついて網に川魚を追い込んでゆく。はやとかのろとか、運がよければどじょうとかの小魚が網に追い込まれる。それを掬ってバケツに移し、ある程度たまると、意気揚々と家に帰り、ピチピチはねる魚を天ぷらにしてもらって夕食のご馳走になるのだった。これは夏休みの一つの大きな楽しみであった。

兄のもう一つの楽しみは乗馬であった。午後決まった時間に貸馬を馬子さんが連れて来てくれる。兄はご自慢の乗馬服を身につけてそれに乗る。今のプリンス通りは当時「二十間道路」という名前の広い通りで、その道を馬に乗って走るのが夏の楽しみで、夕方乗馬倶楽部に馬を連れて帰り、何頭かの馬を近くの川に連れて行って、体を洗ってやるのが好きであった。馬に乗った日は、手を洗うと馬の匂いがとれてしまうので、手は絶対に洗わない。折角馬の匂いを大切にしているのに、母は食事の前に洗いなさいと言う。兄は絶対に洗うものかとかまえる。私ならすぐ洗ってしまうが、反抗期の兄は絶対に従わないのだった。

あの手この手　兄の自慢の相撲の手
上手投げされ　鯖折りにされ　　章子

そっと現れ、支えてくれる兄

今本棚をあけると、父、姉、兄そして夫の本がいろいろ入っている。兄から贈られて来た本は一杯ある。そして、特に私に読ませたい本には、兄は必ず、〝章子様　俊輔〟とか〝謹呈　内山章子様　鶴見俊輔〟とか書いてある。ただ一冊だが『再読』には、「この本を妹内山章子に献呈する」と印刷されている。

私が小学生の頃から、「学校の勉強ばかりしないで、本を読みなさい」とアメリカからも手紙をくれたり、いつも私を気にかけてくれる兄であった。

そして、私が何かピンチに陥った時には、そっと現れては、すっと支えてくれる兄であった。

兄の送ってくれた本

息子が喘息で急死した時、そして夫尚三が急死した時、京都から兄は夫婦で太郎君も一緒に飛んで来てくれた。葬儀をどうするかを法政大学と札幌大学の方々他友人方が話し合って下さっている時、兄はすっと葬儀委員長を引き受けてくれるなど、思いがけない手助けをさり気なくしてくれるのだった。

また、編集者としての兄を身近かに感じたのは、姉が最期を迎えた時であった。病気になってから、兄夫婦はまことに細かいところまで行き届いて気配りをして、介護を十年半続けてくれたのだった。姉は最期まで自分の手で記録を記し、短歌も書き続けてゆけると信じていたが、そんなにたやすいことではなかった。感情的にならず、客観的に記録をつけてほしいと姉は私に頼んだ。四十五日間の記録を、なんとか看病しながら、貞子さんと私の長女次女も最期の方では、手助けしてもらいながら付け続けることができた。

その記録を一冊の書物にまとめ、その中に妹から見た姉についても書くように兄は求めた。

「金は出すけど、口は出さない」

という。

しかし、三日に一度は必ず

「あの本はどうなったでしょうか」

と電話がくる。その度に、私は腹痛を起こしてしまう。

本の表紙、装幀、挿絵に至るまで、私にまかせて、自由にさせてくれた。厳しさと、自由の面があり、私にとってはとてもやり易く感じた。兄のおおらかさと優しい一面である。

どこまでも優しい父、母の一途さ、姉の懸命さ、兄の温かさ、私はこの記録を書くことによって、一人一人から受けた恩を感じるとともに、この至らない私がみんなに導かれながらなんとかここまでまとめることができたことを心から感謝する。

逝きてより兄なほ恋ひし竹の春　　　章子

本喰い虫の兄

兄は幼い時からの本喰い虫であった。漫画も好きで、『団子串助』（宮尾しげを）とか『のらくろ』（田河水泡）とかを私に貸してくれた。母が読めという本でない本を、内緒でベッドの下とか、押し入れの襖を少し開けて光を入れたり工夫して夢中で本を読み続けて、中学の頃には近眼が進み、失明するかもしれないという所までゆくほどの本の虫であった。

笄町の家の兄の部屋には大きな本棚があった。多くの本がきちんと整理されて入っていた。それを私がこっそり一冊持ち出そうものなら、すぐわかってしまう。

本棚は桜田町の家になるともっと大きいものとなり、床から天井までぎっしり本がつまっていた。

小学校高学年から兄は学校に行くことを好まなくなり、中学になると登校拒否が始まる。

父母も心を痛めるようになってゆく。この度改めて、父が公職追放中に書いた『成城だより』によって、はっきり知ることができた。兄が日本の国の教育は受けたくないと言ったと記されている。父がなぜ英語の読み書きのできない兄を一人でアメリカに行かせたのか不思議に思っていたが、そういう理由があったのだった。私は隣り同士の部屋にいながら、何もわかっていなかった。

母は難しい兄の教育に悩み、キリスト教の教会に通い、キリスト教徒となった。

父は父で心を痛めていた。盧溝橋事件の起こった昭和十二年の七月三十日、国際文化振興会の会長、近衛文麿から求められ、国際新教育会議出席のために、姉と兄を連れ、井口一郎氏とともに、オーストラリアに向けて、神戸港を出港した（兄十五歳）。その時のお土産がエミューの雛二羽であった。私は父がなぜ兄をオーストラリアに連れて行ったのかは知らなかった。姉が「藤娘」をオーストラリアの人々の前で踊ったのもこの時であった。その年の十二月には、兄は米国に渡り、ハーヴァード大学のシュレジンガー教授と、都留重人氏にお目にかかっている（兄十五歳）。

翌、昭和十三年、兄は十六歳で再度アメリカに渡り、九月にマサチューセッツ州コンコード町のミドルセックス・スクールに入学する。翌年六月、十七歳でカレッジボード試験に合格、九月、ハーヴァード大学哲学科に入学する。渡米してからは、ただ夢中で英語の勉強に励みに励んだと兄は言っていた。「僕はアメリカに行きたくて行ったのではない」とも言っていた。日本での兄の学歴は小学校卒業である。

昭和十六年十二月八日、日米開戦となる。十七年三月、兄は米国連邦警察FBIによって連行され、東ボストン移民局に拘留され、拘置所内で、卒業論文を書くことを余儀無くされる。その時、コロンビア大学大学院に留学していた姉が拘置所にその論文を取りに来てくれて、タイピストに打ってもらい、指導教授のラルフ・バートン・ペリー教授のもとに届け、翌年六月、ハーヴァード大学の卒業を認められた。卒業式の日はちょうど日米交換船に乗船する日で、出席はかなわなかったと兄は言っていた。同じ船に乗船された都留重人氏が確認して下さっており、直接にうかがって知ることになる。姉も同じ日米交換船で日本に帰って来た。その経緯は、『北米体験再考』（岩波新書）『日米交換船』（新潮社）その他、兄の著作の中に書かれている。戦時中ばらばらに暮らしていたので、この度いろいろの著書を読んで、その経緯をたどることとなった。

幼い日、一生に十万冊を読むという目標をたてて、手当たり次第に本を読んだ兄の一生は、読み、そして書いた一生であったと改めて思う。

二人ぼっち

兄、俊輔が亡くなって三回忌を迎える。静かに考えてみると、兄は私に読むこと書くこと、そして詠むことを教えてくれたのだった。詩ともなんともつかぬものを盛んに書いていた頃から、書き続けなさいと言ってくれた。渡米後も手紙をくれた。私は詩を送り続け、兄は励ましてくれた。還暦を機に俳句を始めた頃からも励まし続けてくれた。

姉、和子が亡くなると、

「二人ぼっちになったね」

と電話がかかって来た。兄にとって姉は特別大切な人であったので、どんなに淋しく、つらかっただろうか。

姉は健やかに生き、健やかに死にたいと考え、死ぬまでの記録を自分で書くつもりであった。ところが、背骨を圧迫骨折して起き上がれなくなり、さらに大腸癌の末期症状のため、姉の願いが実現不可能になると、姉は私に、感情的にならず、客観的に記録してほしいと言った。看病と記録の日々が始まった。吹き出してくる和歌も記録しなくてはならない。四冊にわたる介護記録が残された。それをどう纏めるのか。兄は三日にあげず、

「あの本はどうなったでしょうか」

と電話をくれる。その度に私は腹痛を起こす。「編集者」である兄の真骨頂はここにある。本が出来上るまで電話は続き、逃げ場を失った私は書き続けるしか道はなかった。

父が臨終の時、姉はカナダ、弟はボストン、兄は原稿の資料をとりに京都に戻り、上京の途上であった。内山は珍しく大阪出張で、親族は私一人しか父のもとにはいなかった。後で聞かれると困るので、その仔細を記録した。けれどもそれは臨終だけの記録にすぎない。その時、私はどこまで書くことが許されるのかに戸惑った。その時頼ったのは、キューブラー・ロス著『死ぬ瞬間』（中央公論社）であった。そして「人の死」というものを客観的に記述することを学び、父の追悼文集の中におさめることができた。

姉の記録をつくる時は、たまたま出掛けた書店で見付けたミッチ・アルボム著、別宮貞徳訳『モーリー先生との火曜日』が助けになった。自分の学ぶ大学の先生が亡くなるまでの、

兄の米寿のお祝いの折、兄夫妻と。兄と撮った最後の写真（2010 年）。

まことに行き届いた記述であった。どこまで書くことを赦されるのか。客観的な記述は見事で、私はこの本に導かれて、姉の臨終までの記録をまとめることができたのだった。これは兄の三日ごとの電話と、父の記録の経験があったことが助けになっていると も思う。自分一人の力だけでは、とても苦しくて続けられたかどうかはまことに疑わしい。

母の死、息子の死、夫の死、その度に私なりの記録はしてきた。いつも兄はいた。しかし、今は、姉も兄も弟も夫もいない。一人ぼっちなのだ。

しかし、この度は、内山が亡くなって三回忌を済ました後に入学した京都造形芸術大学通信教育部芸術学部でお世話になった中路正恒先生に、励まされ、御指導いただいた。私は一人ぼっちではないのだった。

マツムシソウ

あとがき

姉も兄も、自分の考える方向に自分の意志と自分の力で歩いたが、今考えてみると、私は、母に導かれ、父に教えられ、幼い時から今まで、その示される通りを歩いて来たのではないか。

「我慢しなさい、我慢しなさい」と、自己主張をしないように五歳から育てられ、「学校を休んでほしい」とか「学校を辞めてお母さんの看護をしなさい」とか言われてもその通りに従い、進学も駄目、就職も駄目、しかし結婚はよし。その通りにして、自分の専門を持つことが許されず、家族の看取りを仕事として生きた。

藤原書店の藤原良雄社長から、姉の命日の七月三十一日までに本を仕上げるよう、お話をいただいたとき、出版社からの依頼のものを果たして書けるのだろうか、と思った。しかし、九十年生きてきて、人生を終わる前に、六人家族の中でただ一人遺されたものとしては、私の知る限りを書きのこすべきなのではないかと、お引き受けした。

十六歳で東京女子大学の歴史科を志したとき、父に「歴史は学校で学ぶものではありません。自分のテーマがあったら、自分で資料を探して来て、自分で考えて自分の力で研究して、はじめて理解できるのです」と言われた。父、姉、兄の書いたものと、近代史や昭和の歴史をさまざま読んでこの本を書くことで、九十歳の今、父の教えがよくわかった。

このお仕事をお引き受けして書いたのも、父母に導かれてのことだったのである。

執筆を進めるなかで、兄と夫が死ぬまで平和運動を続けていたことに改めて気付いた。そのことを笠井賢一氏に申し上げると、「それが戦争に行った男性の苦しみなのであり、それを支え、書き残すのが昭和の女性の務めなのでしょう」と教えていただき、昭和を生きた女としての視点を新しく与えられたことを深く感謝した次第である。

父母、姉兄もいないし、弟にも相談できない今、一人になってから入学した京都造形芸術大学通信教育部、芸術学部芸術学科の中路正恒先生、梅原賢一郎先生が、全く行きづまった時、励まして下さった。そして藤原書店の藤原社長と刈屋琢氏は、私が書き上げるまで催促を一切されなかった。

本書は、これまで私家版の文集や、同窓会誌などに折にふれて書いてきた文章と、此度新しく書いた文章をもとにしてまとめた。特に、兄が生きているうちは恐くて書けなかったし、結婚後は弟と離れて暮らしていたので、兄と弟については今回初めて書くことができた。

私は原稿用紙にしか書けないし、書きためたものを一冊にまとめる仕事は、一切刈屋琢氏にお願いしてしまった。申し訳なく存じながら、心より厚く御礼申し上げる。

姉を看取ったときは、これで、姉に惜しみない愛情を注いだ父に会わせる顔ができたと思えたが、この記録は決して家族に見てもらえるようには書けなかった。けれども書き上げるまで生きていられたことをありがたく思う。母から叩きこまれた後藤新平の自治三訣、「人のお世話にならぬよう　人のお世話をするよう　そしてむくいを求めぬよう」は、「人のお世話にならぬように、人のお世話をするよう　そしてむくいを求めぬよう」という意味だと悟った。

導かれ、支えられて、曲がりなりにも一冊にまとめていただき、お支え下さった方々に心から御礼申し上げる。ありがとうございました。

卆寿迎へ旅も最期の更衣《ころもがえ》

二〇一八年六月三日

内山章子

祖父・後藤新平、母・愛子関連系図

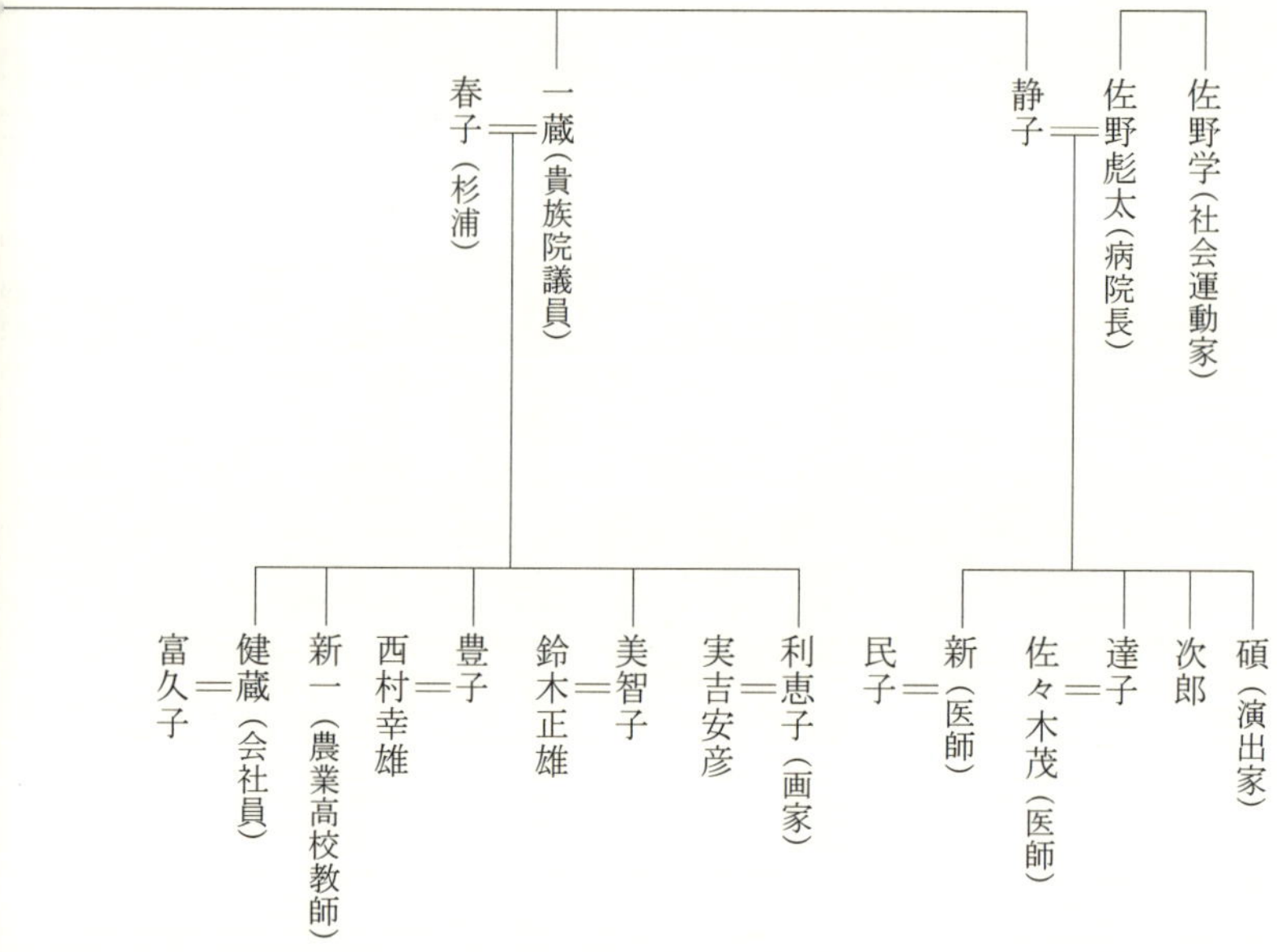

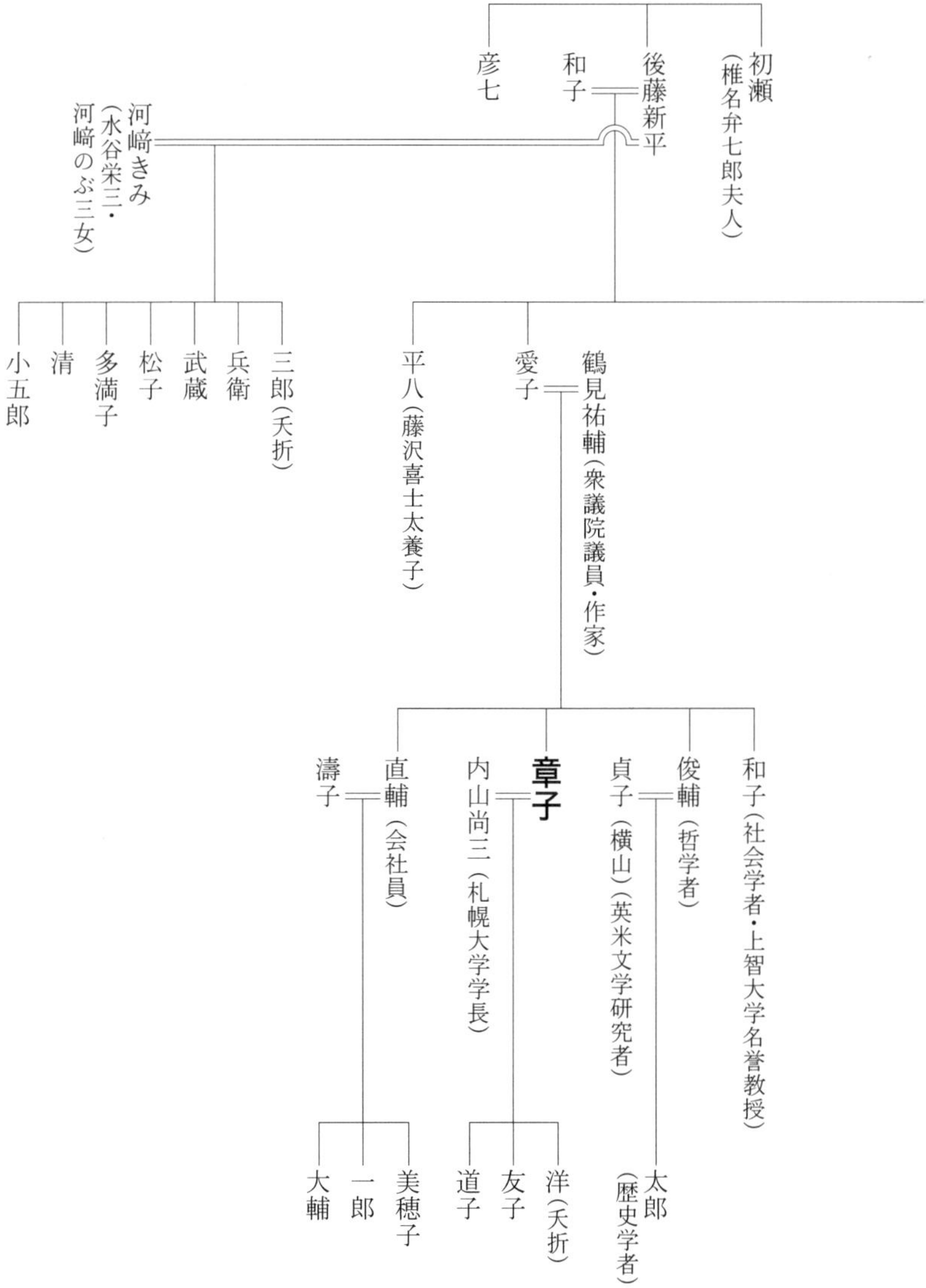

初瀬（椎名弁七郎夫人）
後藤新平
和子
彦七
河崎きみ（水谷栄三・河崎のぶ三女）
平八（藤沢喜士太養子）
愛子
鶴見祐輔（衆議院議員・作家）
三郎（夭折）
兵衛
武蔵
松子
多満子
清
小五郎
和子（社会学者・上智大学名誉教授）
俊輔（哲学者）
貞子（横山）（英米文学研究者）
章子
内山尚三（札幌大学学長）
直輔（会社員）
濤子
太郎（歴史学者）
洋（夭折）
友子
道子
美穂子
一郎
大輔

鶴見家、父・祐輔関連系図

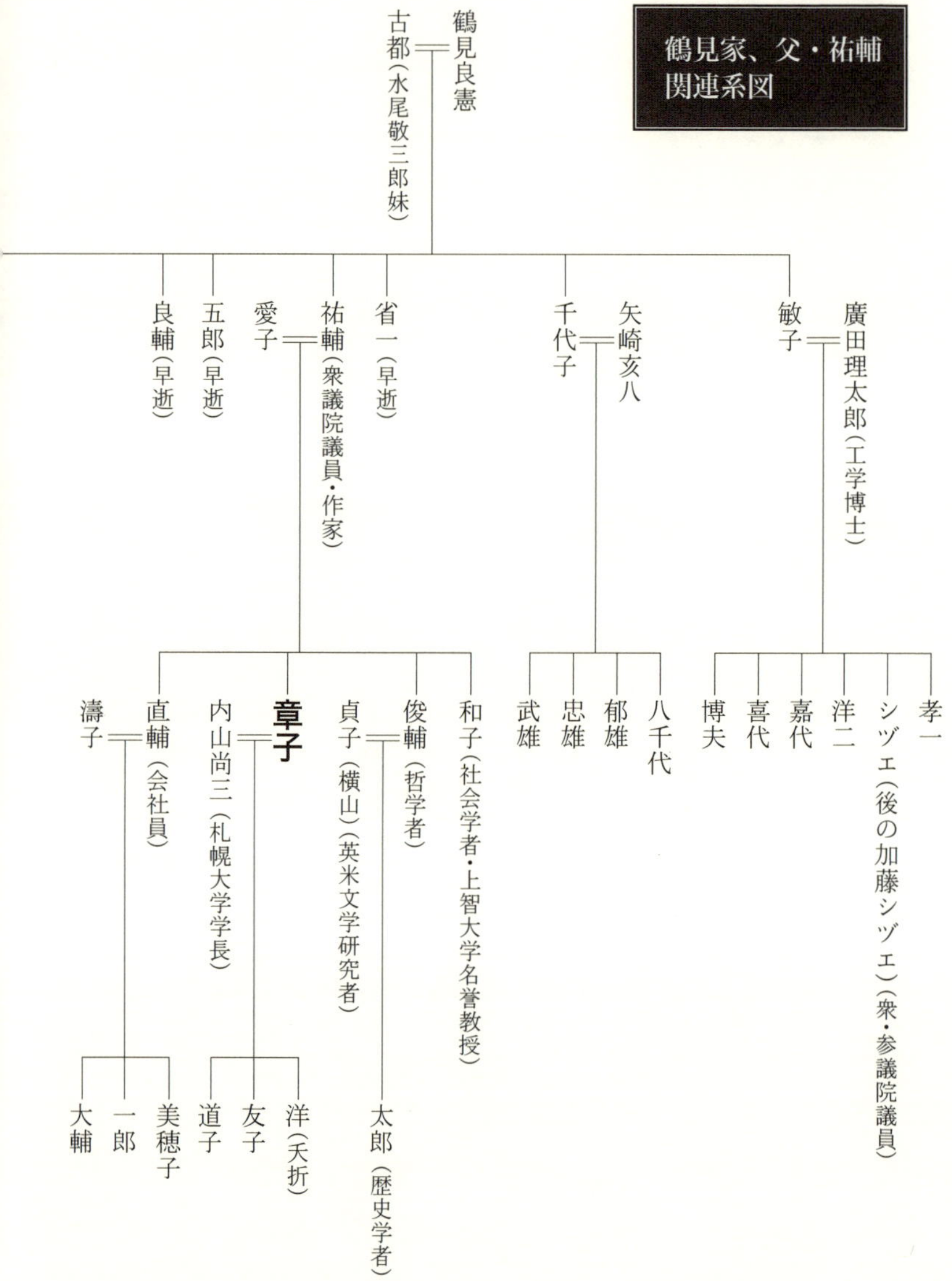
鶴見良憲
古都（水尾敬三郎妹）
敏子
廣田理太郎（工学博士）
千代子
矢崎亥八
省一（早逝）
祐輔（衆議院議員・作家）
愛子
五郎（早逝）
良輔（早逝）
孝一
シヅエ（後の加藤シヅエ）（衆・参議院議員）
洋二
嘉代
喜代
博夫
八千代
郁雄
忠雄
武雄
和子（社会学者・上智大学名誉教授）
俊輔（哲学者）
貞子（横山）（英米文学研究者）
章子
内山尚三（札幌大学学長）
直輔（会社員）
濤子
太郎（歴史学者）
洋（夭折）
友子
道子
美穂子
一郎
大輔

- 安井数衛＝静子
  - 純子
  - 毬子
  - 武彦
- 定雄（実業家）＝マツ
  - 玲子
  - 晴子
  - 重之
- 良三（外交官）＝順子
  - 良子
- 憲（元外交官、熱海市長）＝英子
  - 良行（東南アジア学者）
  - 正志
  - 順子
  - 邦雄
  - 孝昭

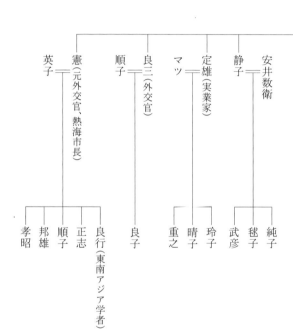

本書関連年表（1885–2015）

＊年齢欄には著者の年齢を記した。

年号	年齢	本書関連事項	歴史事項
一八八五（明治18）		1月3日、鶴見祐輔誕生。	
一八九五（明治28）		7月17日、後藤愛子誕生。父は後藤新平、母は安場保和の次女、和子。	日清戦争終結。三国干渉。
一九一二（大正元）		11月29日、鶴見祐輔、後藤愛子と結婚。	
一九一八（大正7）		4月8日、後藤和子没。 4月23日、後藤新平、外務大臣に就任。 6月10日、鶴見和子、麻布区狸穴町の外務大臣官邸で誕生。祖母の生まれ変わりとして名を継ぐ。	11月、第一次世界大戦終結。 8月、シベリア出兵。
一九二〇（大正9）		7月5日、内山尚三誕生。 9月15日、後藤家が麻布桜田町に転居、鶴見家も同敷地内の南荘（麻布三軒家町）に転居。 12月16日、後藤新平、東京市長就任を受諾。	1月、国際連盟発足。
一九二二（大正11）		6月25日、鶴見俊輔誕生。	

一九二三（大正12）		2月26日、後藤新平の母利恵、死去。 4月25日、後藤新平、東京市長辞職。 9月2日、後藤新平が内務大臣に就任、9月29日、帝都復興院総裁兼任。	9月1日、関東大震災。
一九二四（大正13）		2月5日、祐輔、鉄道省監察官を退職、5月、衆議院選挙に立候補し落選。排日移民法の成立を受けて、渡米し、日本の立場を説くため各地を遊説する。 10月16日、後藤新平、東京放送初代総裁就任。	5月、米・排日移民法成立。
一九二五（大正14）		4月、和子、牛込成城小学校入学。 7月、祐輔、第一回太平洋会議（ホノルル）に出席（以後、三六年の第六回会議まで日本人委員として毎回出席）。	3月、普通選挙法、4月、治安維持法成立。
一九二六（昭和元）		和子、加藤シヅエの紹介で花柳徳太郎に入門、日本舞踊を習い始める。 2月11日、後藤新平、最初の脳溢血発作。 8月、祐輔、軽井沢に別荘を新築。	
一九二七（昭和2）		4月、和子、砧の成城学園に移る（牛込は廃校）。 8月、後藤新平、二度目の脳溢血発作。	
一九二八（昭和3）	0	2月、祐輔、衆議院議員に当選。麹町区元園町に転居。 5月24日、鶴見章子、東京にて誕生。	2月、第一次普通選挙。
一九二九（昭和4）	1	4月、和子、女子学習院5年生に転校。 4月、俊輔、東京高等師範学校附属小学校入学。 4月13日、後藤新平没。	10月、ニューヨーク株式市場大暴落、世界恐慌開始。

年号	年齢	本書関連事項	歴史事項
一九三〇（昭和5）	2	2月、祐輔、衆議院議員落選。10月12日、父母姉兄、大連星が浦での後藤新平銅像の除幕式に出席。12月、後藤新平伝伯記編纂会設立。	
一九三二（昭和7）	4	2月、祐輔、『後藤新平伝』の執筆開始。4月、章子、青山南町幼稚園入園。	3月、満州国建国。10月、リットン調査団。
一九三三（昭和8）	5	初夏、和子が佐佐木信綱の竹柏園に入門。9月20日、鶴見直輔誕生。	3月、日独、国際連盟脱退。
一九三四（昭和9）	6	秋、麻布区桜田町三八番地に新築、転居。	
一九三五（昭和10）	7	4月、章子、東京女学館小学部入学。祐輔、『後藤新平伝』脱稿。	天皇機関説事件。
一九三六（昭和11）	8	和子、3月に女子学習院を卒業、4月、津田英学塾入学。	2月、二・二六事件。11月、日独防共協定。
一九三七（昭和12）	9	7月、祐輔、国際新教育会議出席のために渡豪、和子・俊輔が同行。12月、祐輔、国民使節として渡米、俊輔が同行。俊輔は滞米中に都留重人と面識を得る。『後藤新平伝』全四巻刊行（三八年完結）。	7月、盧溝橋事件。8月、第二次上海事変、日中戦争開始。
一九三八（昭和13）	10	6月、祐輔、国民使節として渡米、愛子・和子が同行。9月、俊輔、単身渡米、ミドルセックス・スクールに入学。	4月、国家総動員法公布。

一九三九（昭和14）	11	3月、和子、津田英学塾卒業。9月、渡米し、ヴァッサー大学入学。 4月、章子、女子学習院中期入学。 9月、俊輔、ハーヴァード大学に進学。	5月、ノモンハン事件。 9月、第二次世界大戦開戦。
一九四〇（昭和15）	12	1月、祐輔、米内光政内閣成立で内務政務次官に就任（7月、総辞職）。 7月、直輔、教育大附属小学校入学。 10月、大政翼賛会発足。祐輔も参加。	9月、日独伊三国同盟成立。
一九四一（昭和16）	13	4月、章子、女子学習院中等科入学。 6月、和子、ヴァッサー大学哲学修士号取得。9月、コロンビア大学哲学科へ進学。	12月、真珠湾攻撃、日米開戦。
一九四二（昭和17）	14	3月、俊輔、ＦＢＩに逮捕され、東ボストン移民局に留置、その後、捕虜として収容所に送られるが、和子がタイプを頼んで卒論を仕上げ、ハーヴァード大学卒業。 5月、祐輔、翼賛選挙、衆議院議員当選。 6月、和子と俊輔、日米交換船グリップスホルム号に乗船、ロレンソ・マルケスで浅間丸に乗り換えて、8月日本帰国、直後に徴兵検査に合格。	
一九四三（昭和18）	15	2月、俊輔、海軍軍属としてジャワ島に赴任。 9月、内山尚三、東京大学法学部政治学科入学。	
一九四四（昭和19）	16	11月、直輔、母愛子とともに軽井沢に疎開、軽井沢町立小学校に通学。その後、新潟へ学童疎開。 12月、俊輔、カリエスの悪化により帰国。	

年号	年齢	本書関連事項	歴史事項
一九四五（昭和20）	17	2月、愛子、軽井沢にて脳出血で倒れる。章子、看病のため軽井沢へ。 5月、桜田町の家を満州国大使館に貸す。祐輔・和子は熱海温泉通り五〇五番地に疎開。 8月、章子、東京女子大学専門部歴史科入学。 10月、桜田町の家がGHQに接収される。	8月14日、日本、ポツダム宣言受諾、15日、終戦の詔勅。 10月、国際連合設立。
一九四六（昭和21）	18	1月4日、祐輔、公職追放の対象となる。直輔、小学校卒業。 5月、俊輔、和子が、武谷三男、武田清子、都留重人、丸山真男、渡辺慧と共に『思想の科学』を発行開始。	5月、極東国際軍事裁判開廷。 11月3日、日本国憲法公布（四七年5月施行）。
一九四七（昭和22）	19	9月、世田谷区成城町六七八番地に転居。 9月、内山尚三、東京大学法学部卒業。	
一九四八（昭和23）	20	1月、祐輔、『成城だより』執筆開始。 1月、章子、父に言われて極東国際軍事裁判を傍聴。 3月、章子、東京女子大学卒業。	11月、極東国際軍事裁判判決。
一九四九（昭和24）	21	直輔、教育大附属中学校卒業。 4月、内山尚三、法政大学法学部助教授。 4月、俊輔、京都大学人文科学研究所助教授。 9月、内山尚三、東京大学大学院修了。	10月、中華人民共和国建国。
一九五〇（昭和25）	22	4月29日、章子と内山尚三、結婚。 6月、祐輔、『成城だより』最終第八巻刊行。 10月13日、祐輔、公職追放解除。	6月、朝鮮戦争開始。

一九五一（昭和26）	23	5月27日、内山夫妻の長男洋、誕生。	9月、対日平和条約、日米安保条約調印。
一九五二（昭和27）	24	直輔、教育大附属高等学校卒業。 10月、祐輔、衆議院議員落選。	4月、占領終結、日本独立。
一九五三（昭和28）	25	1月2日、愛子が脳溢血で倒れ、一週間意識不明となる。祐輔はインドでの国際会議に出席のため渡航。章子一家が同居して看病。 4月、祐輔、参議院議員当選。 12月5日、内山夫妻の長女友子誕生。	
一九五四（昭和29）	26	俊輔、東京工業大学助教授。 12月10日、祐輔、第一次鳩山内閣の厚生大臣に就任。	
一九五六（昭和31）	28	5月13日、愛子死去。	10月、日ソ共同宣言署名、日ソ国交回復。 12月、日本、国際連合加盟。
一九五七（昭和32）	29	直輔、慶應義塾大学経済学部卒業、日本開発銀行に入行。	
一九五九（昭和34）	31	6月、祐輔、参議院議員選挙に落選、11月21日、脳軟化症で倒れる。 7月、内山尚三、法政大学法学部教授。 俊輔、『共同研究 転向』全三巻（平凡社）刊行（六二年完結）。	
一九六〇（昭和35）	32	5月、俊輔、日米安保条約決議に抗議し、東工大を辞職。 9月、祐輔の療養のため成城の家を売却、練馬区関町に転居。 11月、俊輔、横山貞子と結婚。	1月、日米安保条約改定。

年号	年齢	本書関連事項	歴史事項
一九六一（昭和36）	33	俊輔、同志社大学教授就任。 12月、『思想の科学』天皇制特集号事件。	
一九六二（昭和37）	34	直輔、米コロンビア大学大学院を経て、三菱商事に入社。和子の留学中は、直輔が練馬の家を管理。 9月、和子、プリンストン大学社会学部大学院に初の女性八人の一人として入学。	10月、キューバ危機。
一九六三（昭和38）	35	4月、内山尚三の海外研修のため、内山家四人が一年間アメリカ滞在。	
一九六四（昭和39）	36	直輔、櫻井濤子と結婚。 4月、和子、プリンストン大学社会学博士資格試験に主席で合格。 9月、和子、ブリティッシュ・コロンビア大学助教授（〜六五年12月）。	
一九六五（昭和40）	37	俊輔、ベ平連結成に参加。 11月20日、内山夫妻の長男洋、死去。	2月、米、北爆開始。ベトナム戦争泥沼化。 6月、日韓基本条約調印、日韓国交回復。
一九六六（昭和41）	38	和子、3月帰国、4月、成蹊大学文学部助教授。 12月、和子、プリンストン大学社会学博士号取得。	中国、文化大革命。
一九六八（昭和43）	40	4月4日、内山夫妻の次女道子誕生。	7月、学生ストライキ拡大、全共闘結成、東大安田講堂占拠。

一九六九（昭和44）	41	4月、和子、上智大学外国語学部教授、国際関係研究所研究員。近代化論再検討研究会発足。 祐輔、クェーカーに入信の意思表示。	
一九七〇（昭和45）	42	4月、内山尚三、法政大学法学部長に就任。 俊輔、大学への警官隊導入に抗議し、同志社大学辞職。	6月、日米安全保障条約自動延長。
一九七三（昭和48）	45	直輔、米MIT留学。 9月、和子、トロント大学社会学部客員教授として渡加。 11月1日、祐輔死去。	
一九七五（昭和50）	47	11月1日、祐輔の追悼会（北岡寿逸主催）。『友情の人鶴見祐輔先生』刊行。	
一九七六（昭和51）	48	3月、和子、不知火海総合学術調査団の一員として最初の水俣調査。	
一九七九（昭和54）	51	11月8日、和子、『南方熊楠』で毎日出版文化賞。	
一九八二（昭和57）	54	4月、和子、上智大学国際関係研究所所長。	
一九八五（昭和60）	57	直輔、脳血栓で入院。	
一九八九（平成元）	61	和子、1月19日、上智大学最終講義、3月、定年退職、同名誉教授。 内山尚三、3月、法政大学退職、同名誉教授。4月、札幌大学法学部長就任。	1月、昭和天皇崩御。 6月、中国・天安門事件。

年号	年齢	本書関連事項	歴史事項
一九九一（平成3）	63	2月、内山尚三、札幌大学学長（〜九五年11月）。 『鶴見俊輔集』全一二巻（筑摩書房）刊行（〜九二年）。	1月、湾岸戦争。 12月、ソ連邦消滅。
一九九五（平成7）	67	1月、俊輔、朝日賞受賞。 4月22日、和子、南方熊楠賞受賞。 12月25日、和子、脳出血で倒れ、左片麻痺となる。	1月、阪神・淡路大震災。 3月、地下鉄サリン事件。
一九九六（平成8）	68	1月、『思想の科学』「鶴見和子研究」特集号刊行。 2月15日、直輔死去。 3月、内山尚三、札幌大学名誉教授。 『思想の科学』、五月号をもって休刊。 11月15日、和子、伊豆高原ゆうゆうの里に入居。	
		『鶴見俊輔座談』全一〇巻（晶文社）刊行。	
一九九七（平成9）	69	10月、『コレクション鶴見和子曼荼羅』全九巻（藤原書店）刊行（〜九九年1月）。 12月、和子、京都ゆうゆうの里に転居。	
二〇〇〇（平成12）	72	1月、和子、朝日賞受賞。 『鶴見俊輔集』続五巻（筑摩書房）刊行（〜〇一年）。	
二〇〇二（平成14）	74	12月14日、内山尚三死去。	1月、EU、通貨統合。
二〇〇四（平成16）	76	4月、章子、大学入学資格検定に合格後、京都造形芸術大学入学。 6月、俊輔、井上ひさし、大江健三郎らと「九条の会」設立。	12月、スマトラ島沖地震。

二〇〇六（平成18）	78	6月25日、和子と志村ふくみの共著『いのちを纏う』刊行記念シンポジウム開催（志村ふくみ、川勝平太、西川千麗。於・同志社大学）。和子は体調不良で直前に出席断念。 7月31日、和子死去。	
二〇〇八（平成20）	80	7月、章子、『鶴見和子 病床日誌』刊行。	9月、リーマン・ショック。
二〇一一（平成23）	83	10月、俊輔、脳梗塞で入院。	3月11日、東日本大震災。
二〇一二（平成24）	84	3月、章子、京都造形芸術大学卒業。	
二〇一五（平成27）	87	7月20日、俊輔死去。	

〈後記〉本書執筆にあたっては、一部は下記の文章をもとにして再構成した。

私と戦争　『日月』第六号、日月会、一九九五年十一月
母の日によせて　『藍生』二〇〇五年五月号、藍生俳句会
母を想う　『日月』第一六号、日月会、二〇〇五年九月
愛する一人息子を失って　平和のために手をつなぐ会『和音』一九六六年
父の思い出　北岡寿逸編『友情の人　鶴見祐輔先生』一九七五年
「お子さん方をお呼び下さい」　『日月』第一二号、日月会、二〇〇一年九月
思い出　『縁　内山尚三先生追悼文集』一八会、二〇〇四年十一月
女書生の歌　沼津市教育委員会文化振興課『ぬまづ文芸　第三四集』二〇〇七年
姉の旅立ち　『明日の友』一六五号、二〇〇六年
姉・鶴見和子の病床日誌　鶴見和子『遺言』二〇〇六年、藤原書店
姉の散骨　『藍生』二〇〇七年七月号、藍生俳句会

著者紹介

内山章子（うちやま・あやこ）
1928 年東京生まれ。1948 年、東京女子大学専門部歴史科卒業。2004 年、京都造形芸術大学入学。2012 年、同卒業。
俳句結社「玉藻」同人。
私家版の著書・編著に『ぼくの本』（1969 年）『鶴見和子病床日誌』（2007 年）『雪中花』（2008 年）『延令草』（2015 年）。

看取《みと》りの人生《じんせい》——後藤新平《ごとうしんぺい》の「自治三訣《じちさんけつ》」を生《い》きて

2018年 7 月31日　初版第 1 刷発行©
2020年 9 月20日　初版第 3 刷発行

著　者　内　山　章　子
発行者　藤　原　良　雄
発行所　株式会社　藤　原　書　店

〒 162-0041　東京都新宿区早稲田鶴巻町 523
電　話　03（5272）0301
ＦＡＸ　03（5272）0450
振　替　00160 - 4 - 17013
info@fujiwara-shoten.co.jp

印刷・製本　精文堂印刷

落丁本・乱丁本はお取替えいたします
定価はカバーに表示してあります

Printed in Japan
ISBN978-4-86578-181-6

『回生』に続く待望の第三歌集

歌集 花道

鶴見和子

「短歌は究極の思想表現の方法である。」――大反響を呼んだ半世紀ぶりの歌集『回生』から三年、きもの・おどりなど生涯を貫く文化的素養と、国境を越えて展開されてきた学問的蓄積が、脳出血後のリハビリテーション生活の中で見事に結びつき、美しく結晶した、待望の第三歌集。

菊上製　一三六頁　**二八〇〇円**
（二〇〇〇年二月刊）
◇978-4-89434-165-4

短歌が支えた生の軌跡

歌集 回生

鶴見和子
序＝佐佐木由幾

一九九五年一二月二四日、脳出血で斃れたその夜から、半世紀ぶりに迸り出た短歌一四五首。左半身麻痺を抱えた著者の「回生」の足跡を内面から克明に描き、リハビリテーション途上にある全ての人に力を与える短歌の数々を収め、生命とは、ことばとは何かを深く問いかける伝説の書。

菊変上製　一二〇頁　**二八〇〇円**
（二〇〇一年六月刊）
◇978-4-89434-239-2

最も充実をみせた最終歌集

歌集 山姥

鶴見和子
序＝鶴見俊輔　解説＝佐佐木幸綱

脳出血で斃れた瞬間に、歌が噴き上げた――片身麻痺となりながらも短歌を支えに歩んできた、鶴見和子の〝回生〟の十年。『虹』『回生』『花道』に続き、最晩年の作をまとめた最終歌集。

菊上製　三二八頁　**四六〇〇円**
（二〇〇七年一〇月刊）
◇978-4-89434-582-9

限定愛蔵版　三百部限定
布クロス装貼函入豪華製本
口絵写真八頁／しおり付　八八〇〇円
（二〇〇七年一一月刊）
◇978-4-89434-588-1

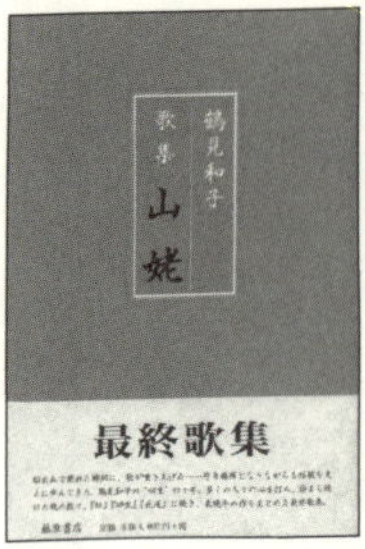

人間・鶴見和子の魅力に迫る

鶴見和子の世界

R・P・ドーア、石牟礼道子、河合隼雄、中村桂子、鶴見俊輔ほか

学問／道楽の壁を超え、国内はおろか国際的舞台でも出会う人すべてを魅了してきた鶴見和子の魅力とは何か。国内外の著名人六十三人がその謎を描き出す珠玉の鶴見和子論。〈主な執筆者〉**赤坂憲雄、宮田登、川勝平太、堤清二、大岡信、澤地久枝、道浦母都子**ほか。

四六上製函入　三六八頁　**三八〇〇円**
（一九九九年一〇月刊）
◇978-4-89434-152-4